Océano bajo el agua

para colorear peces y vida marina

Young Scholar

Young Scholar
An imprint of Ciparum LLC

Océano bajo el agua para colorear peces y vida marina
© 2017 Ciparum LLC
All rights reserved.
ISBN-10:1-63589-315-1
ISBN-13:978-1-63589-315-1

www.youngscholar.co

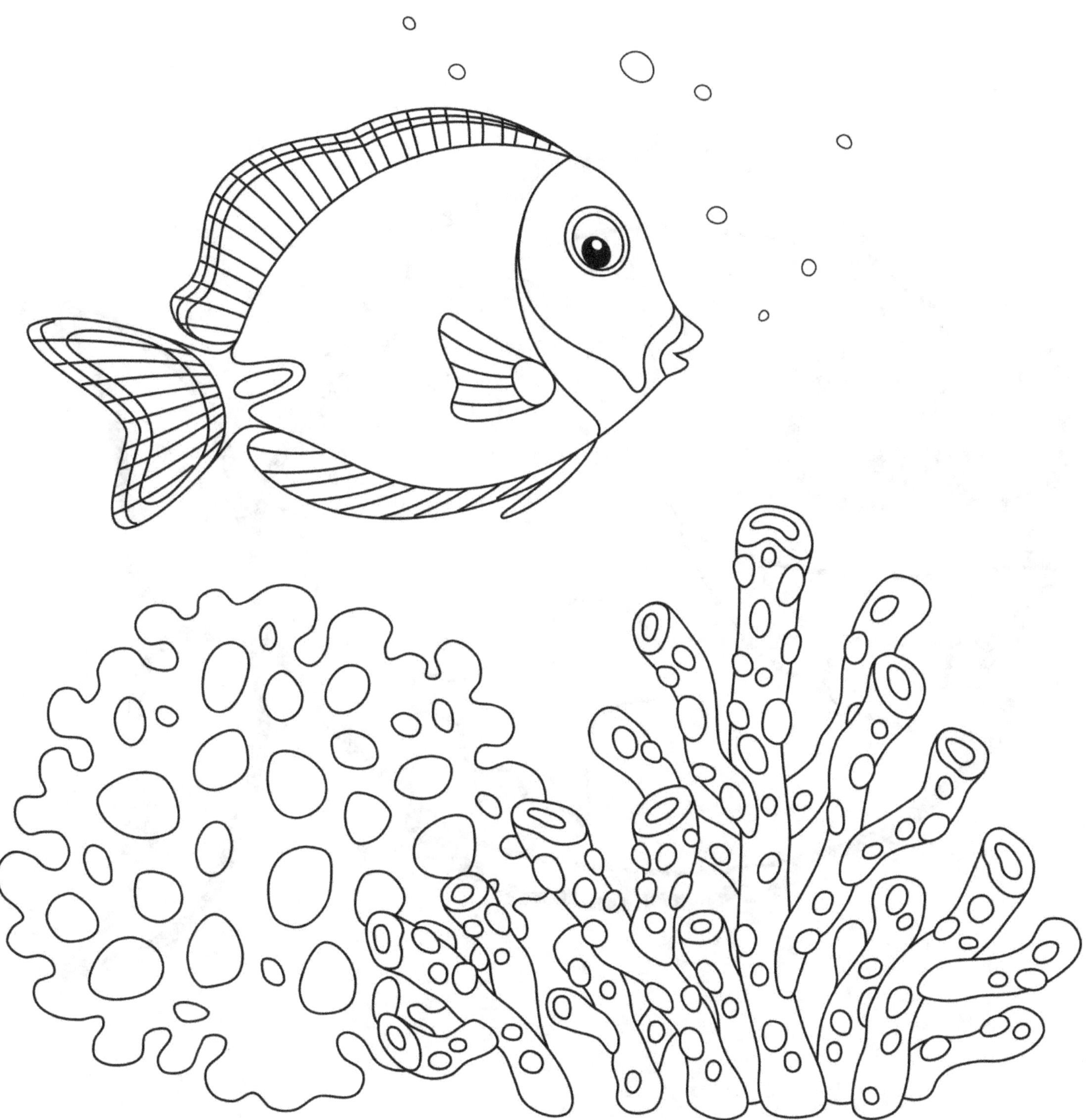

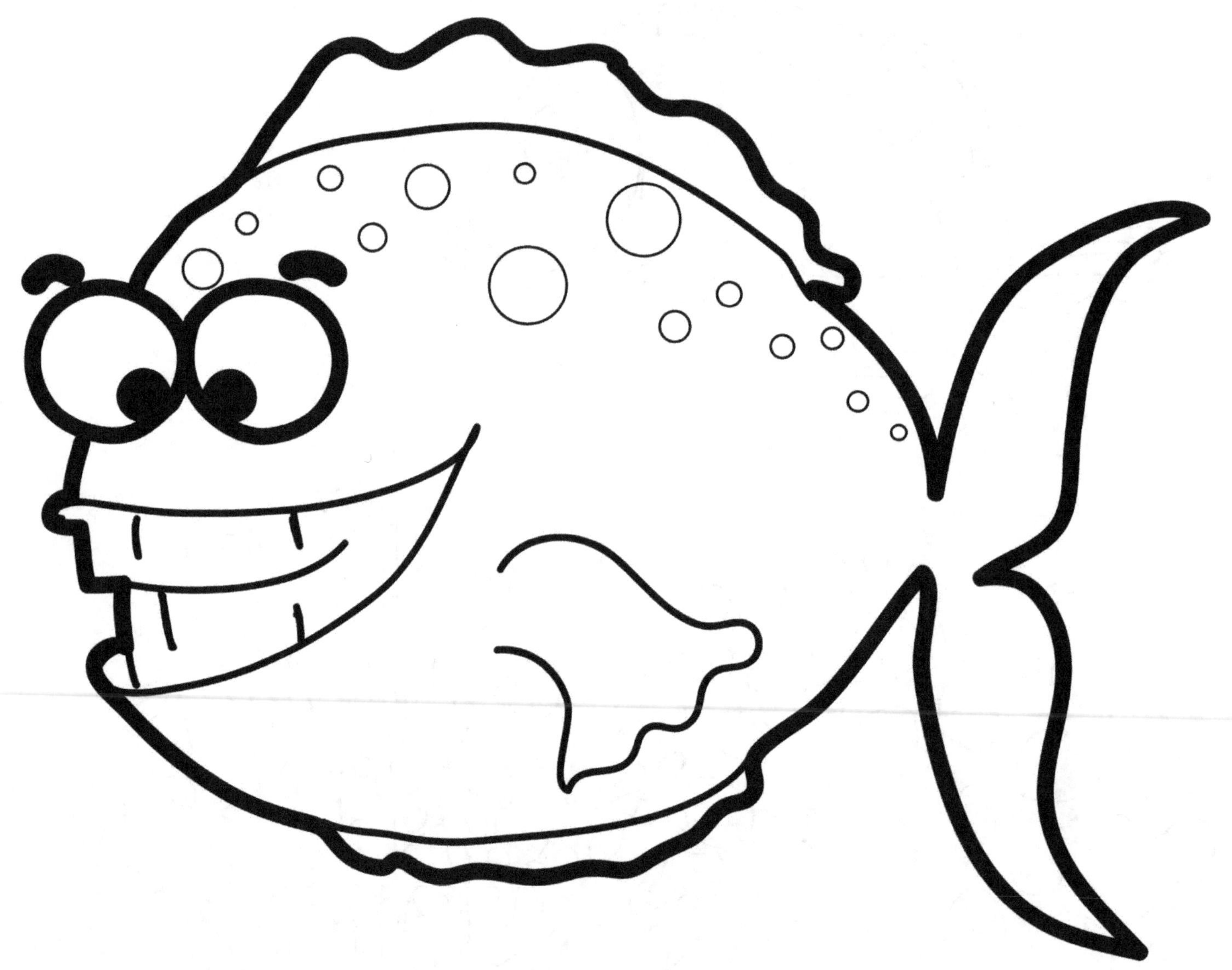

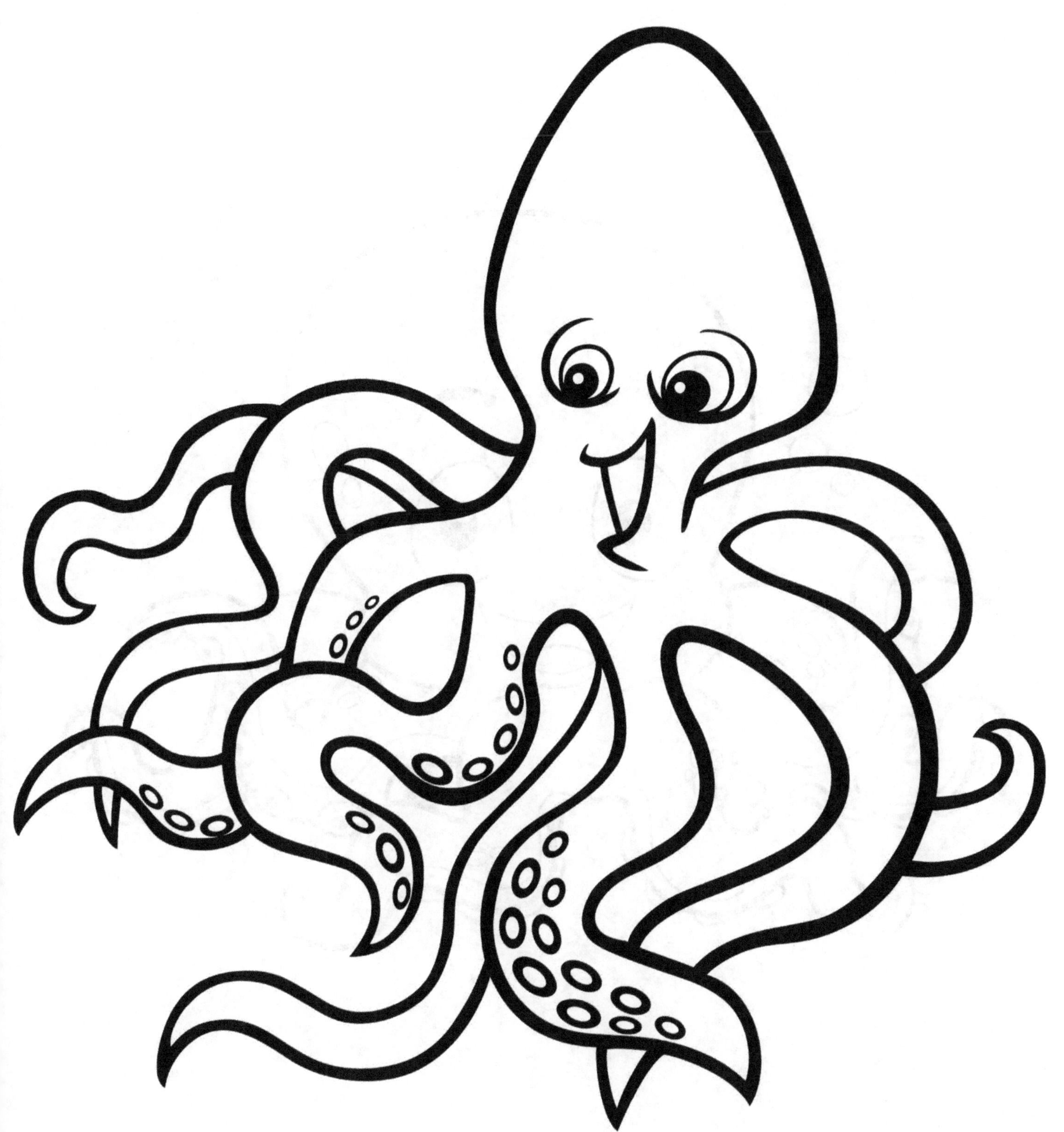

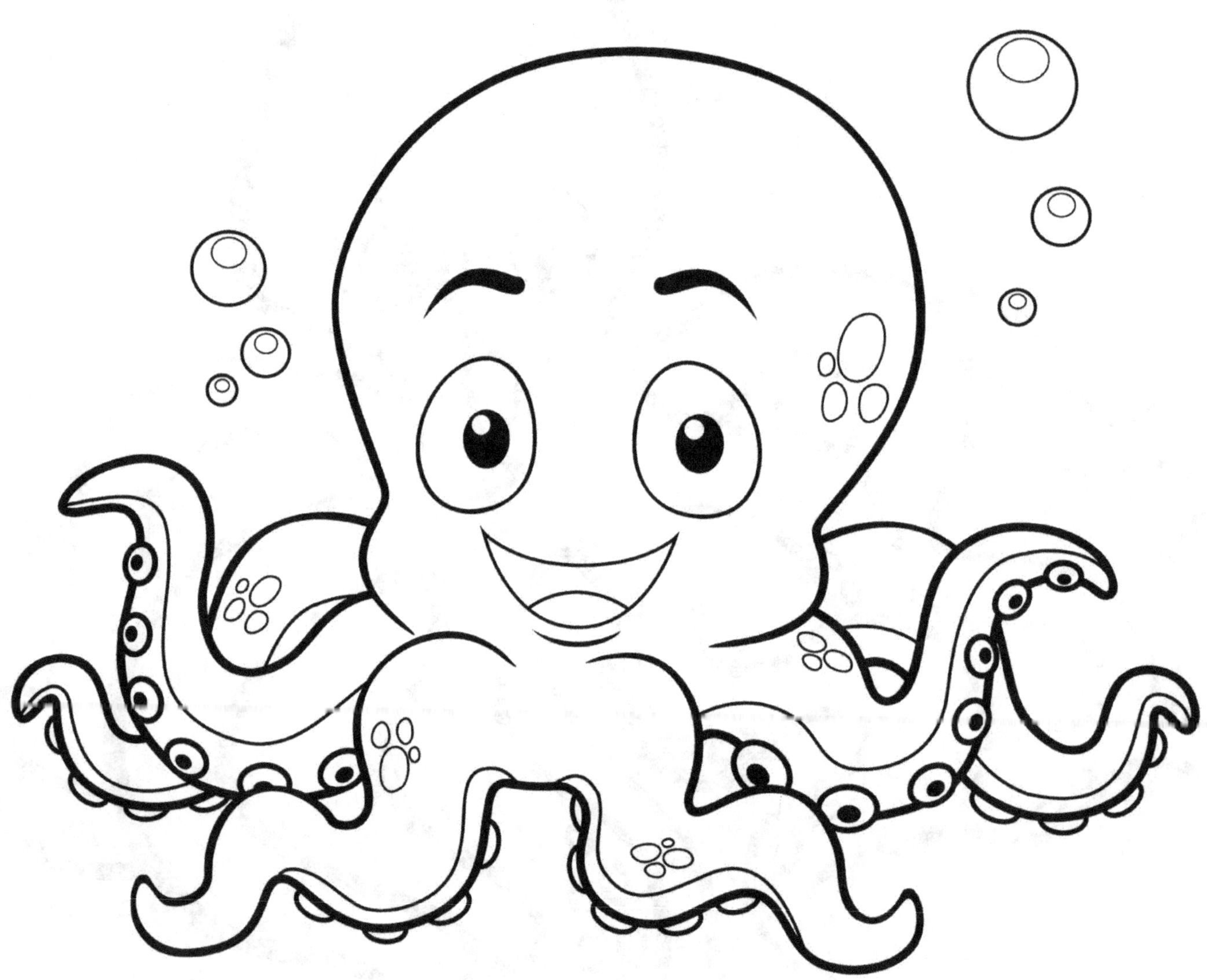

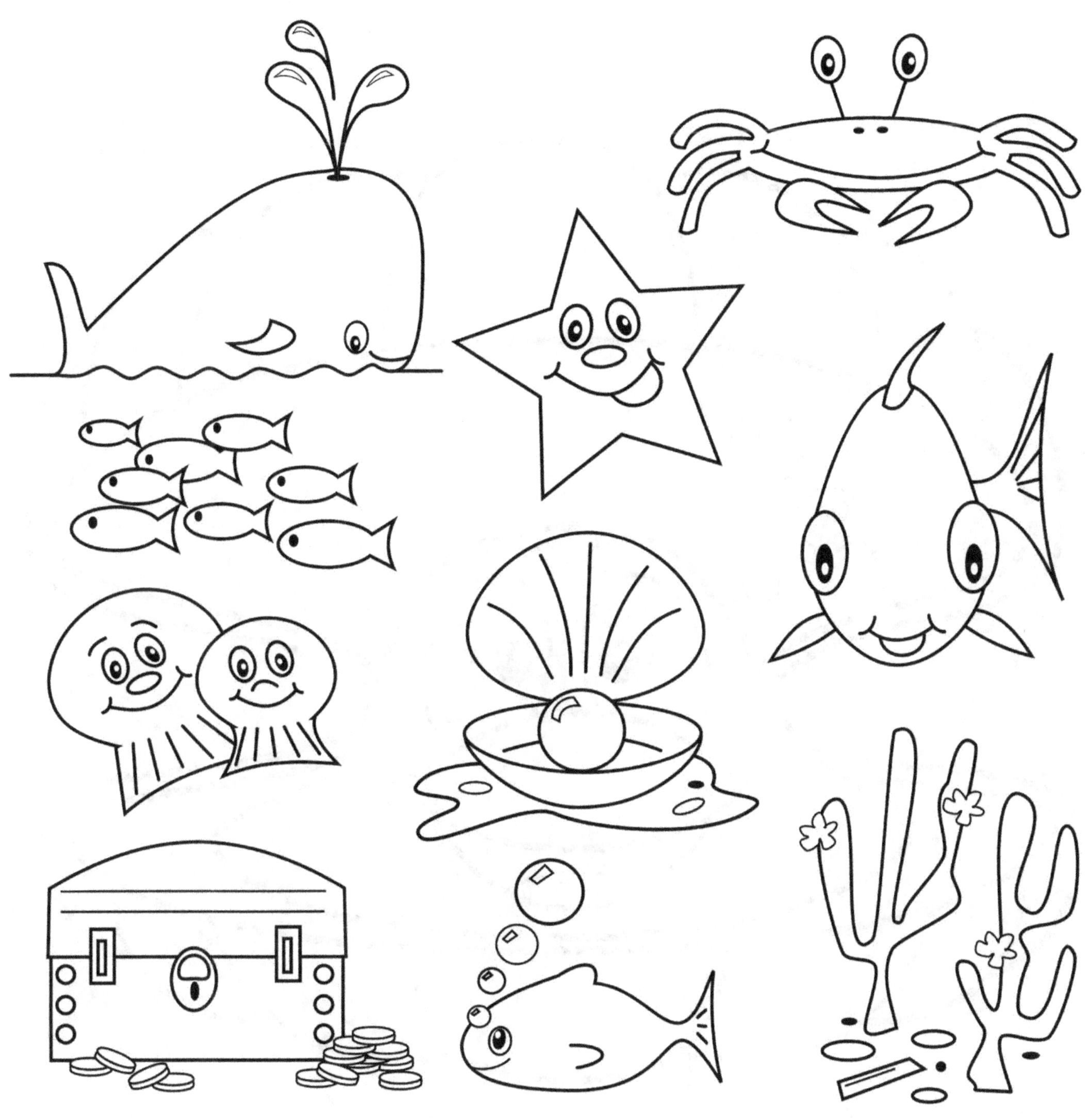

5

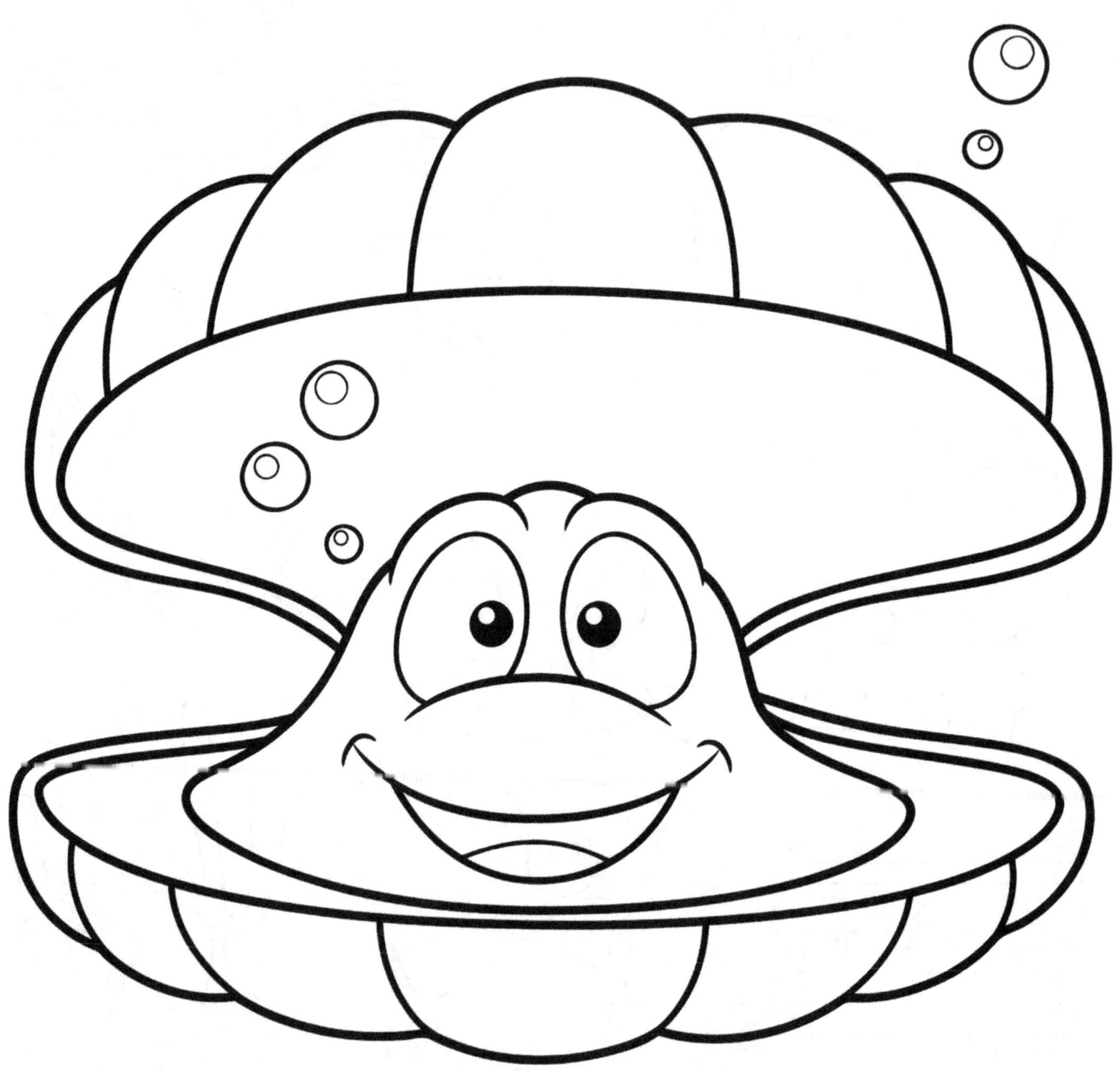

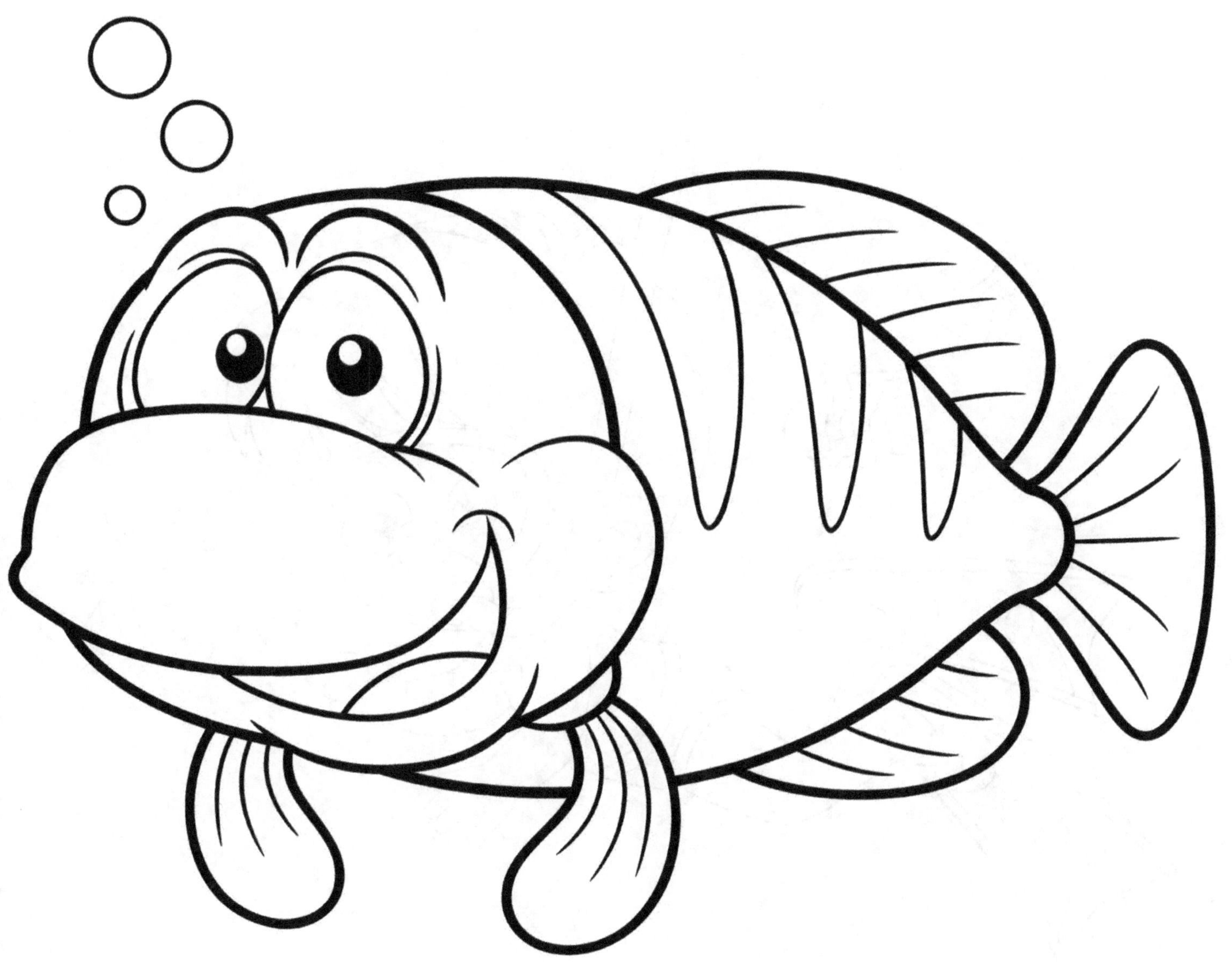

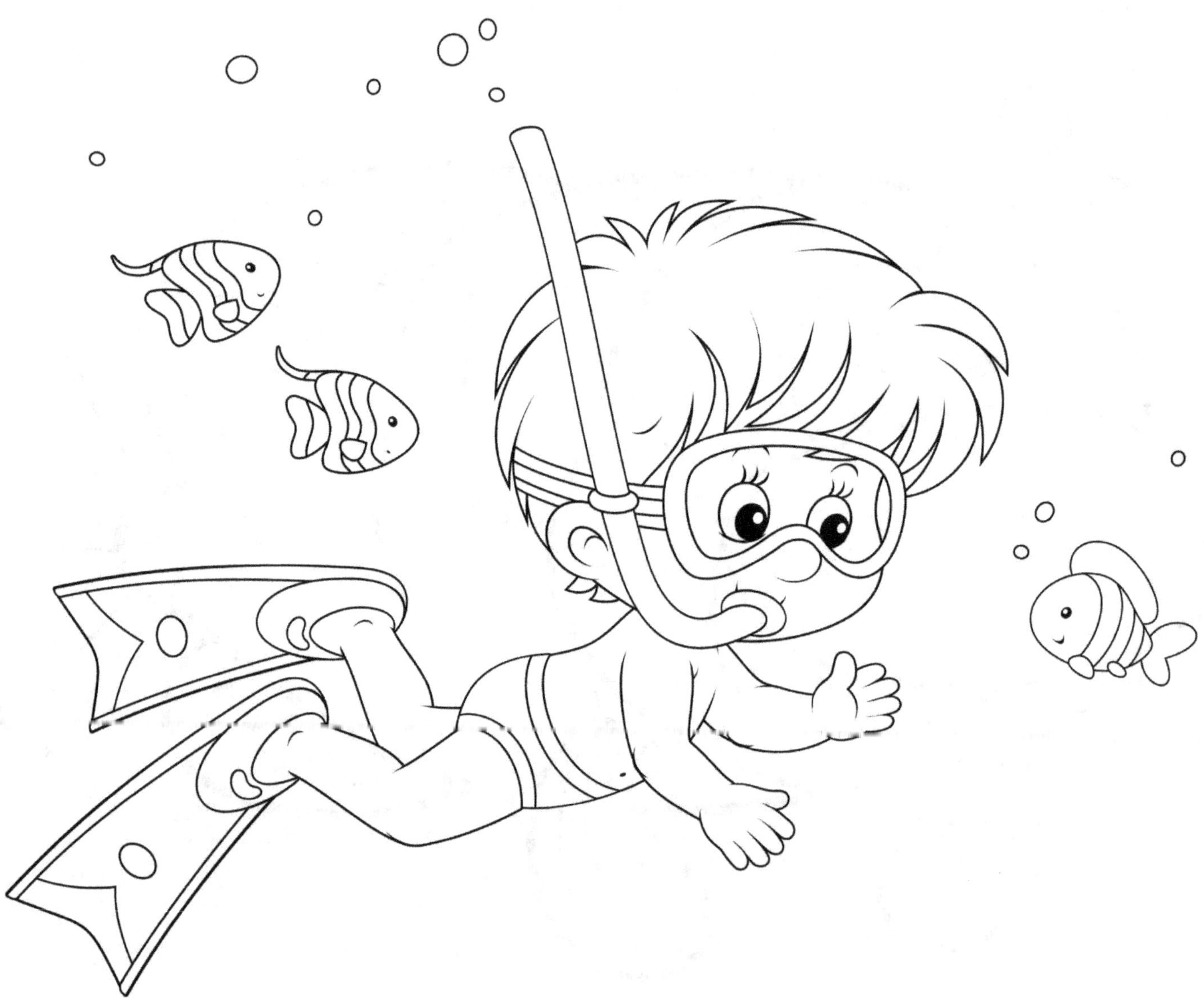

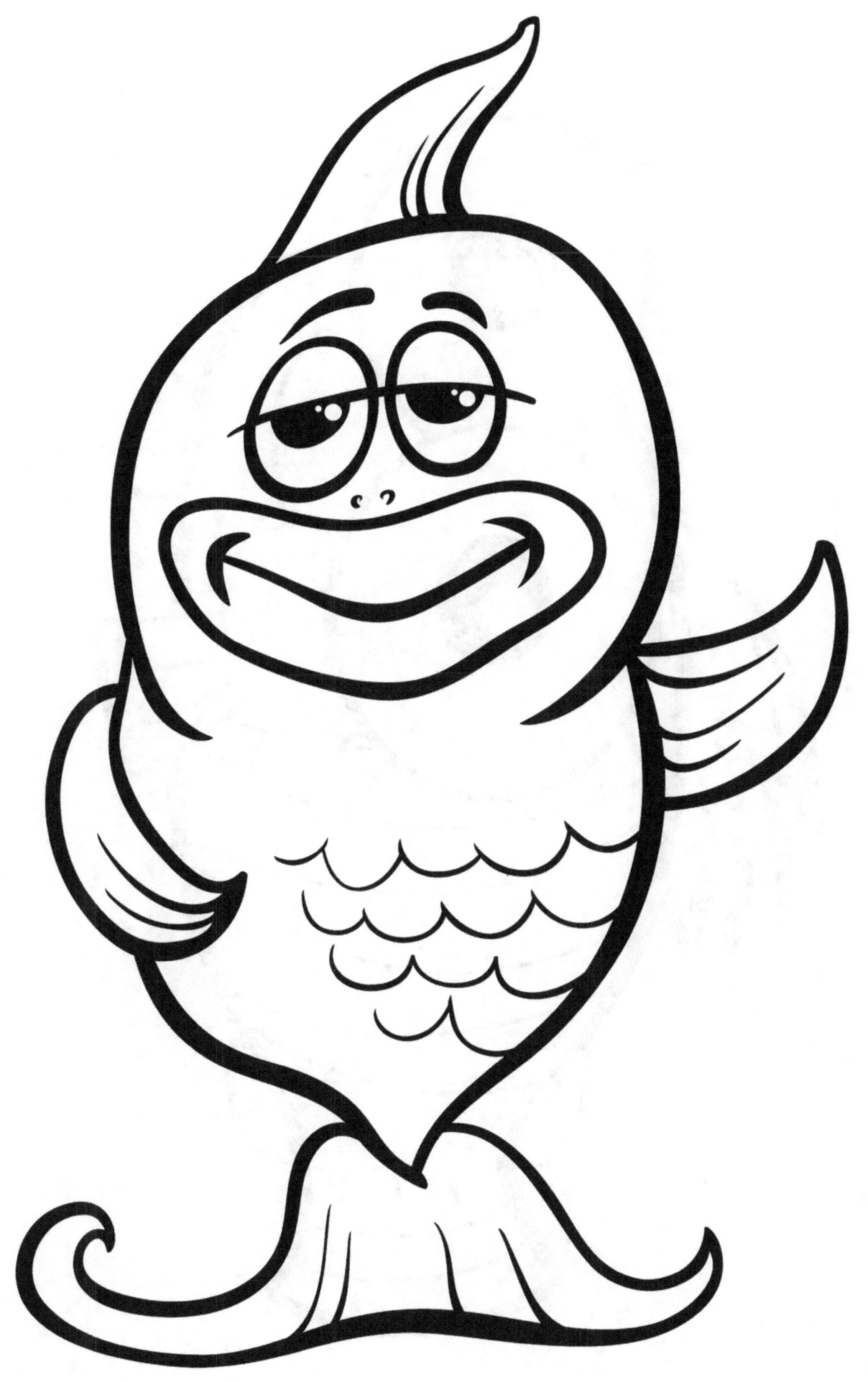

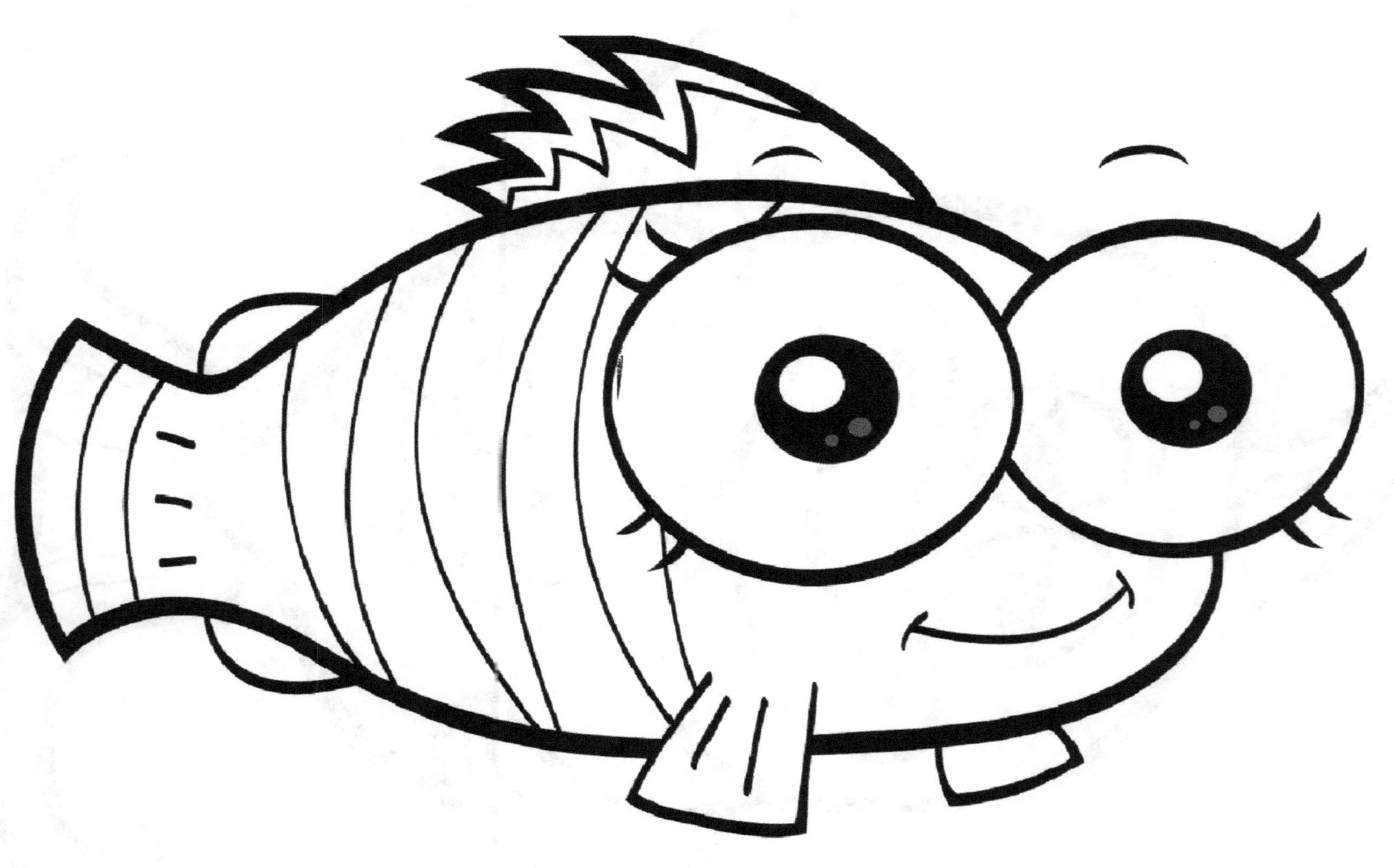

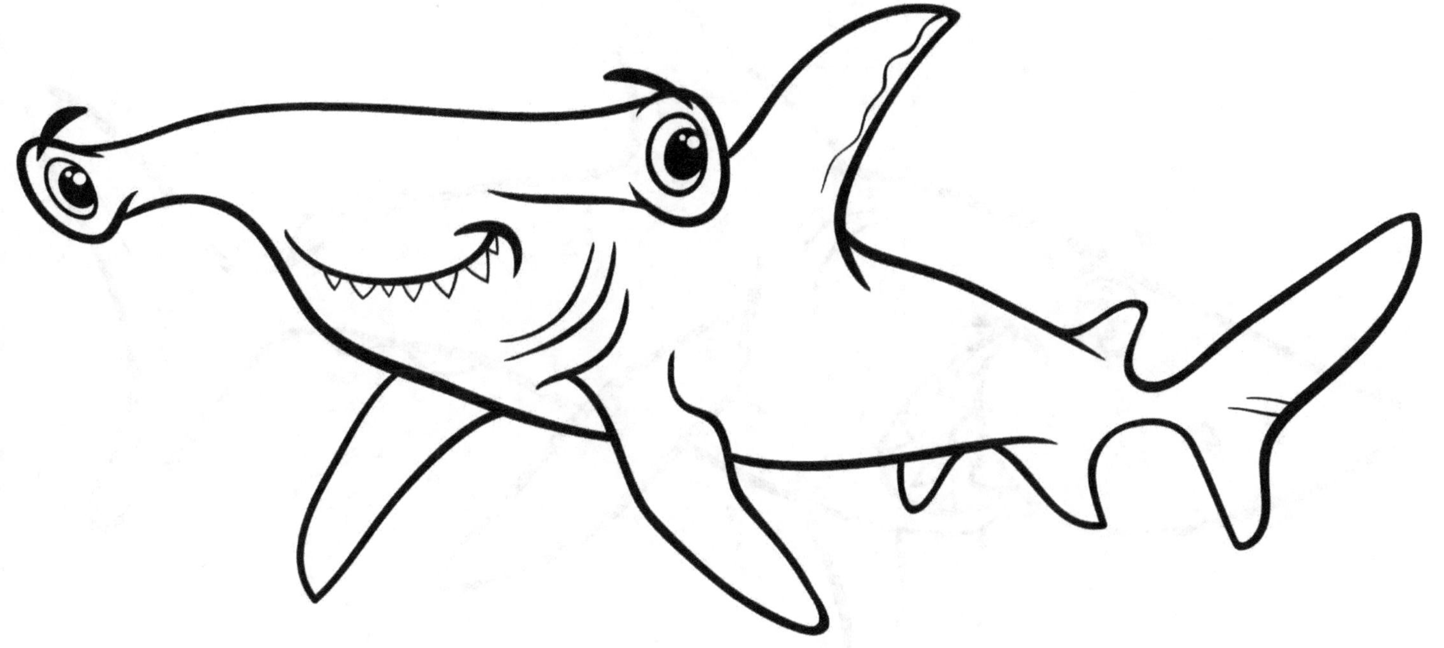

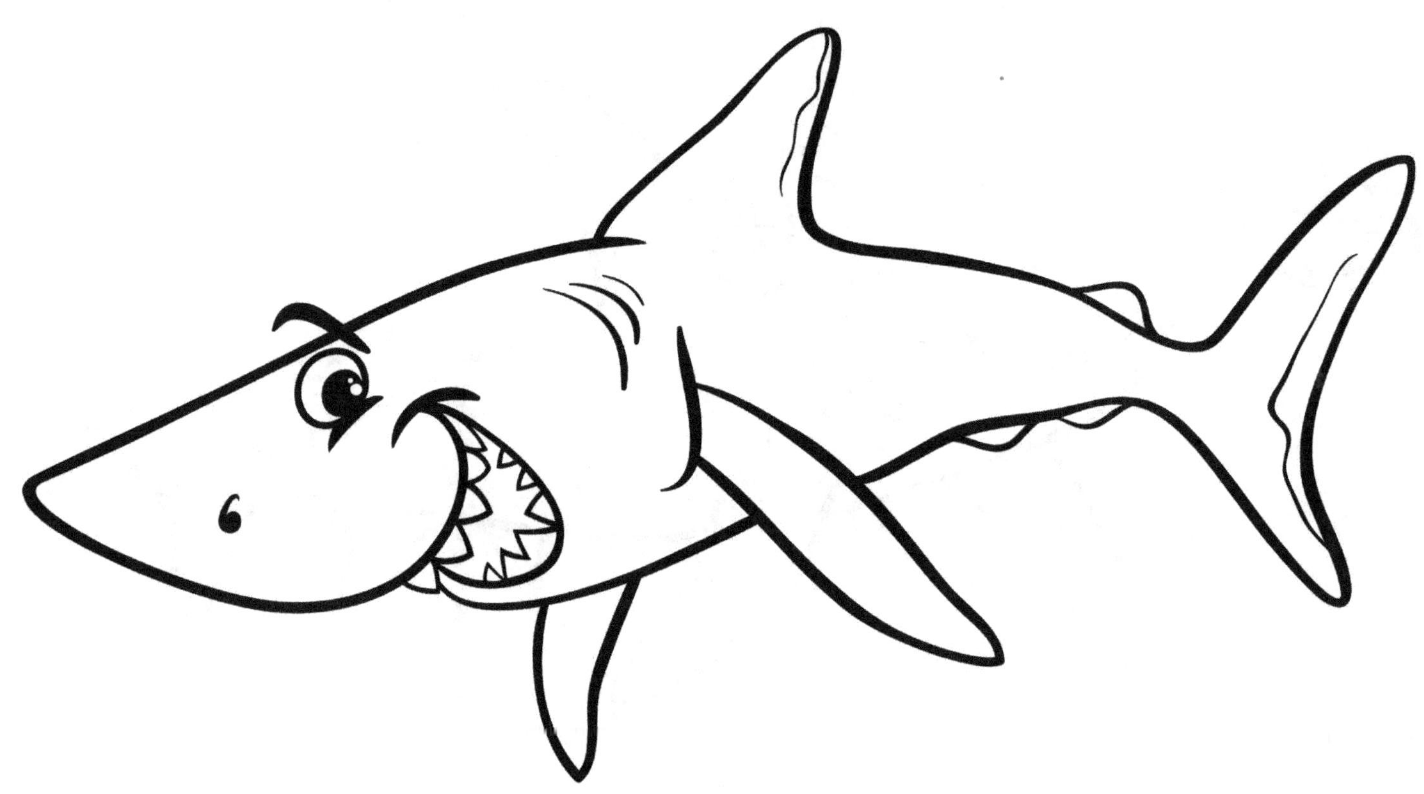

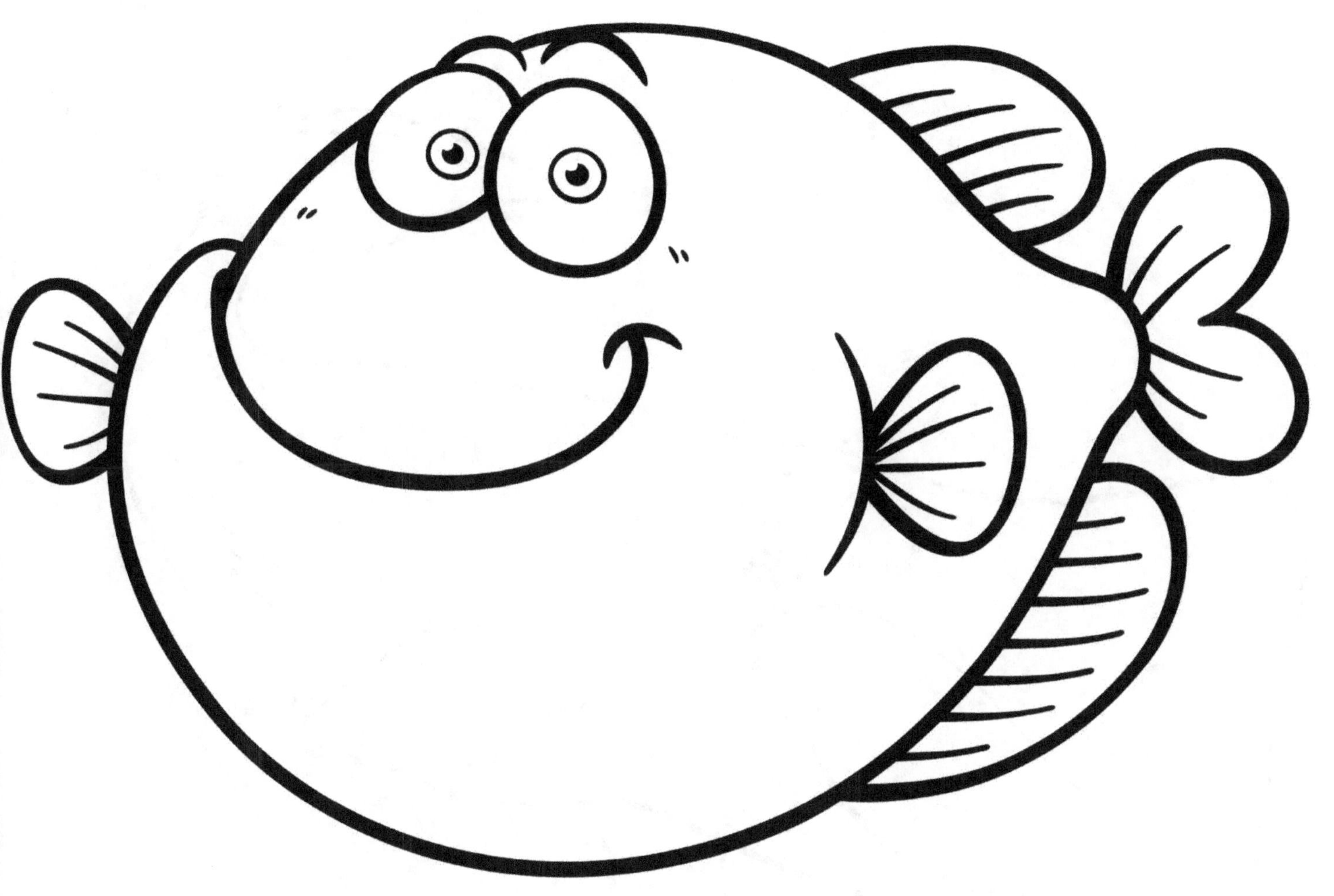

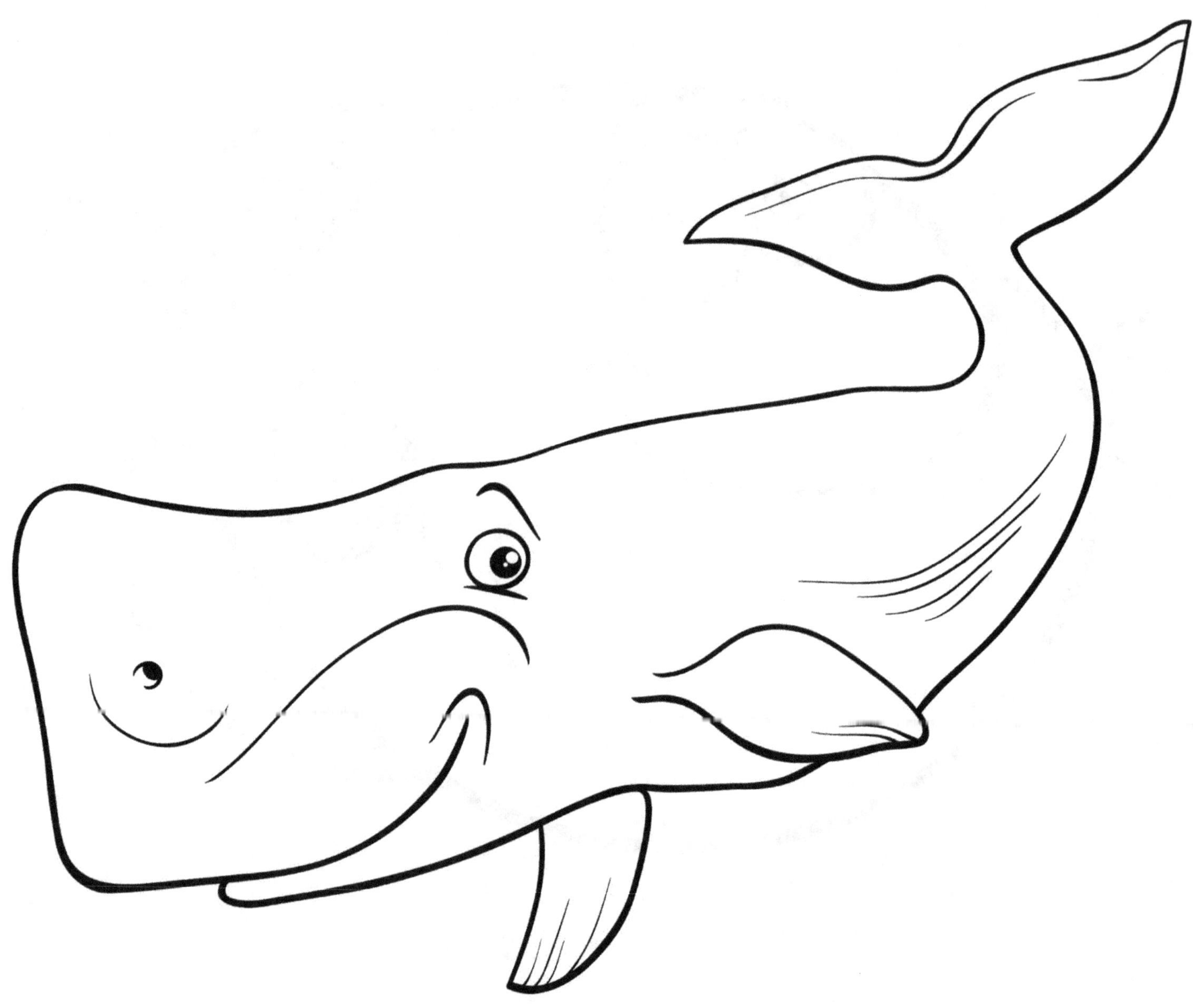

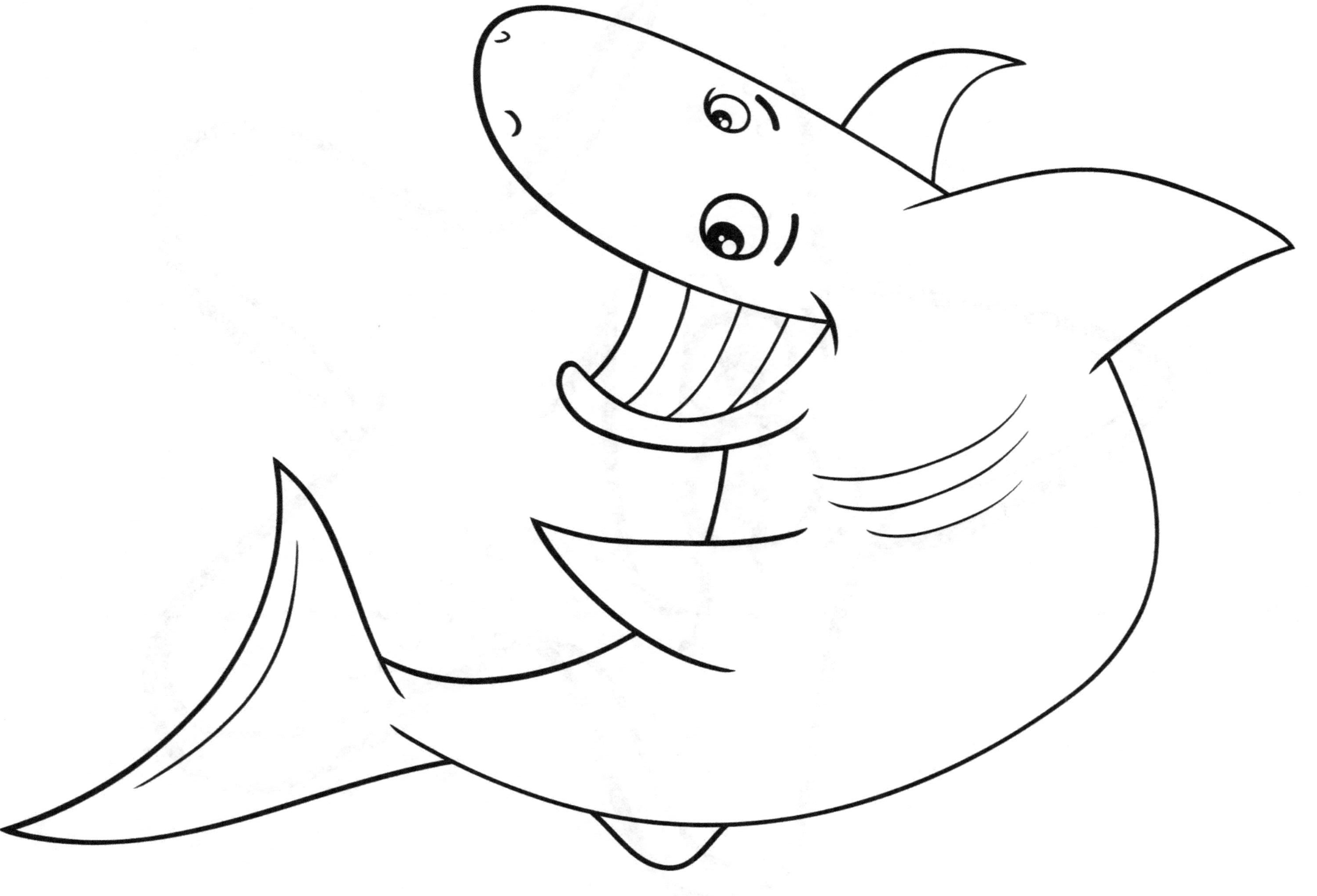

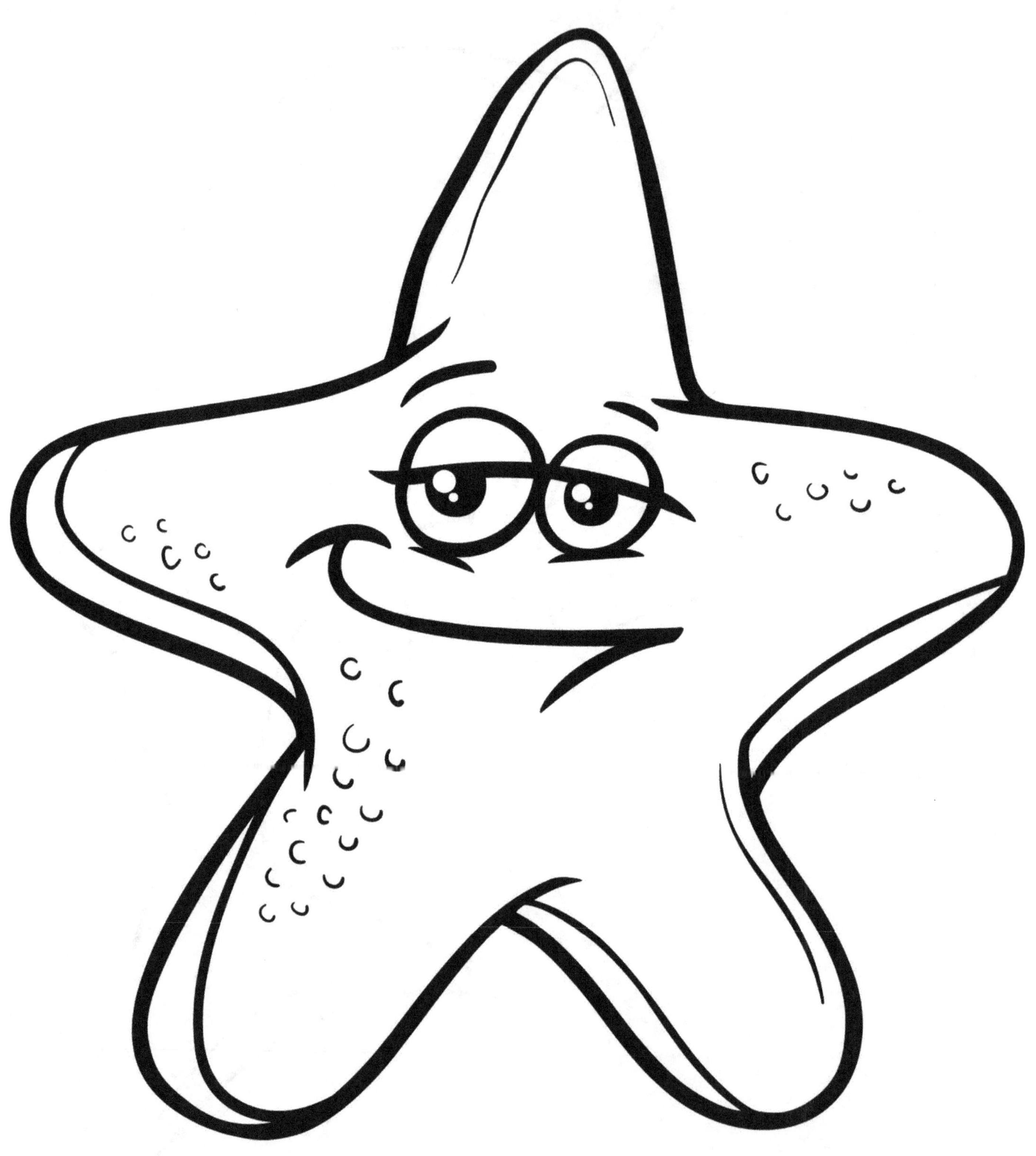

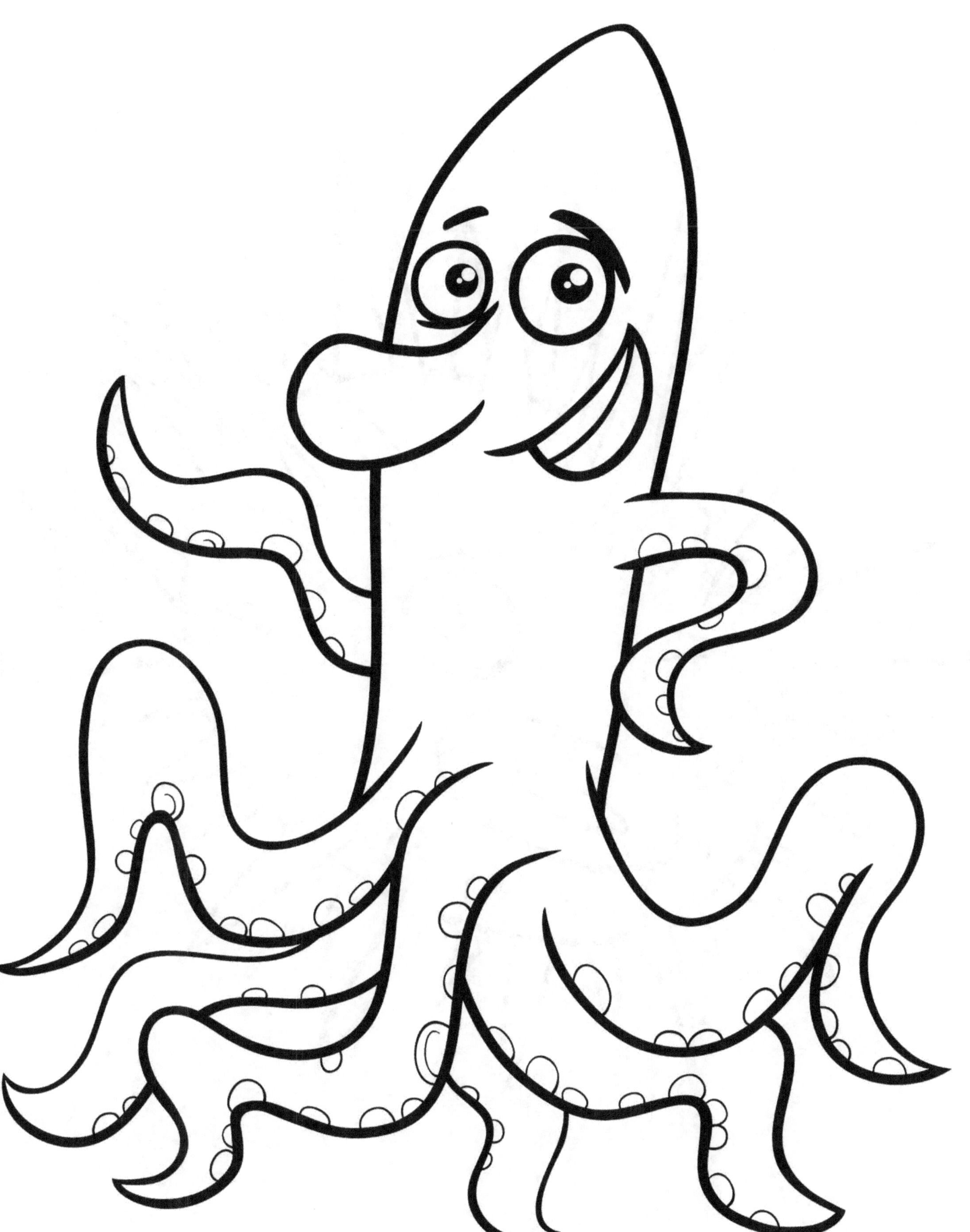

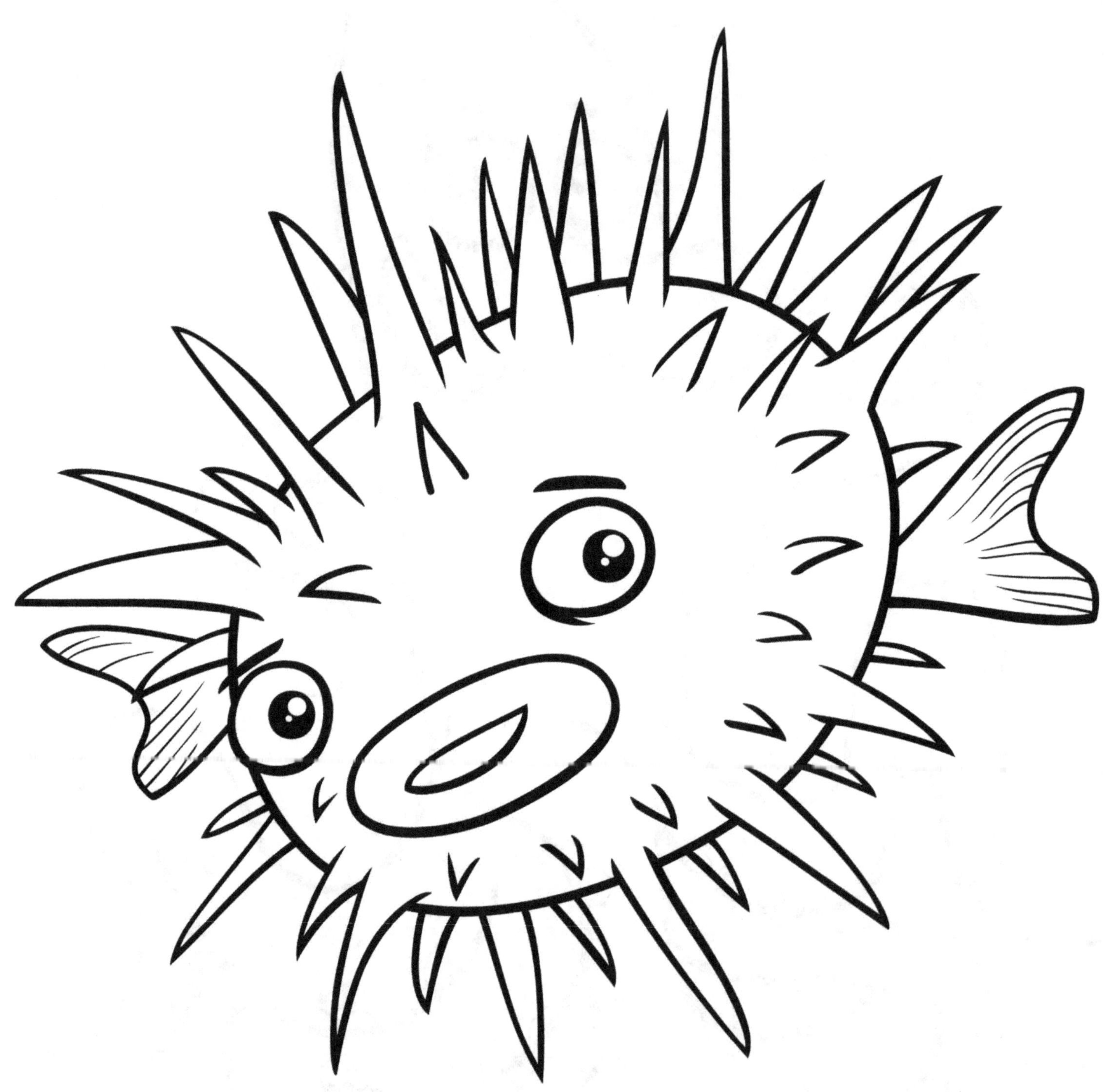

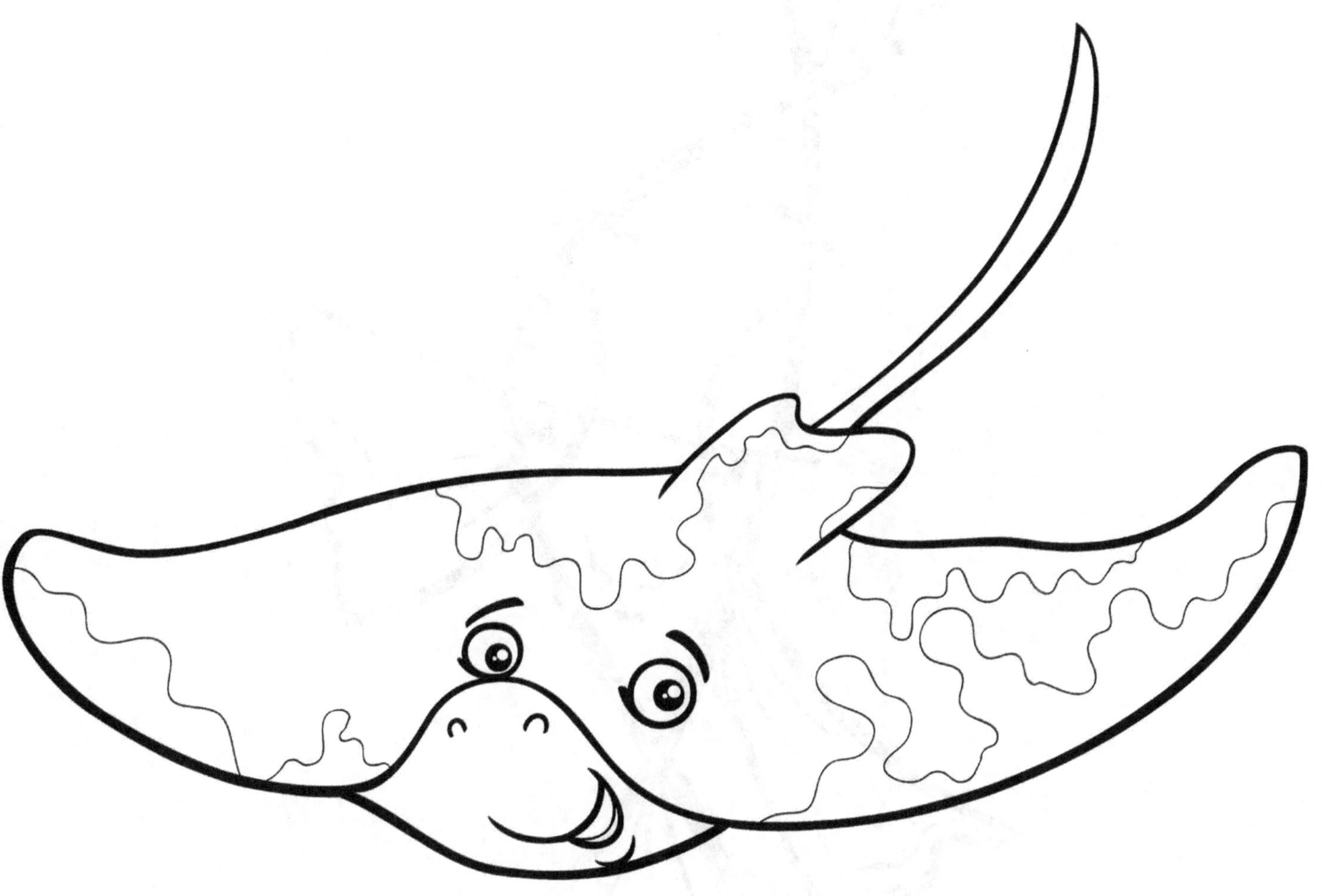

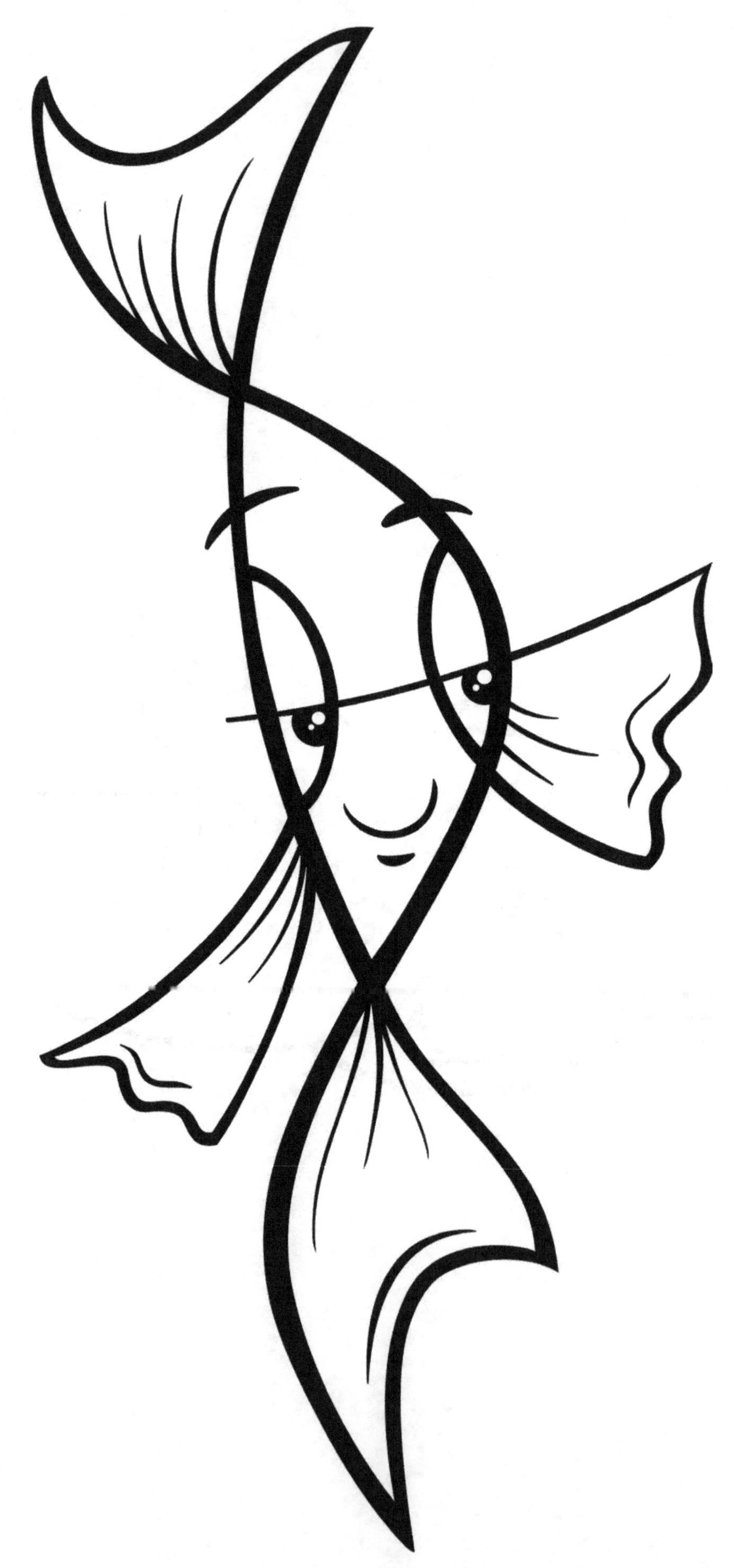

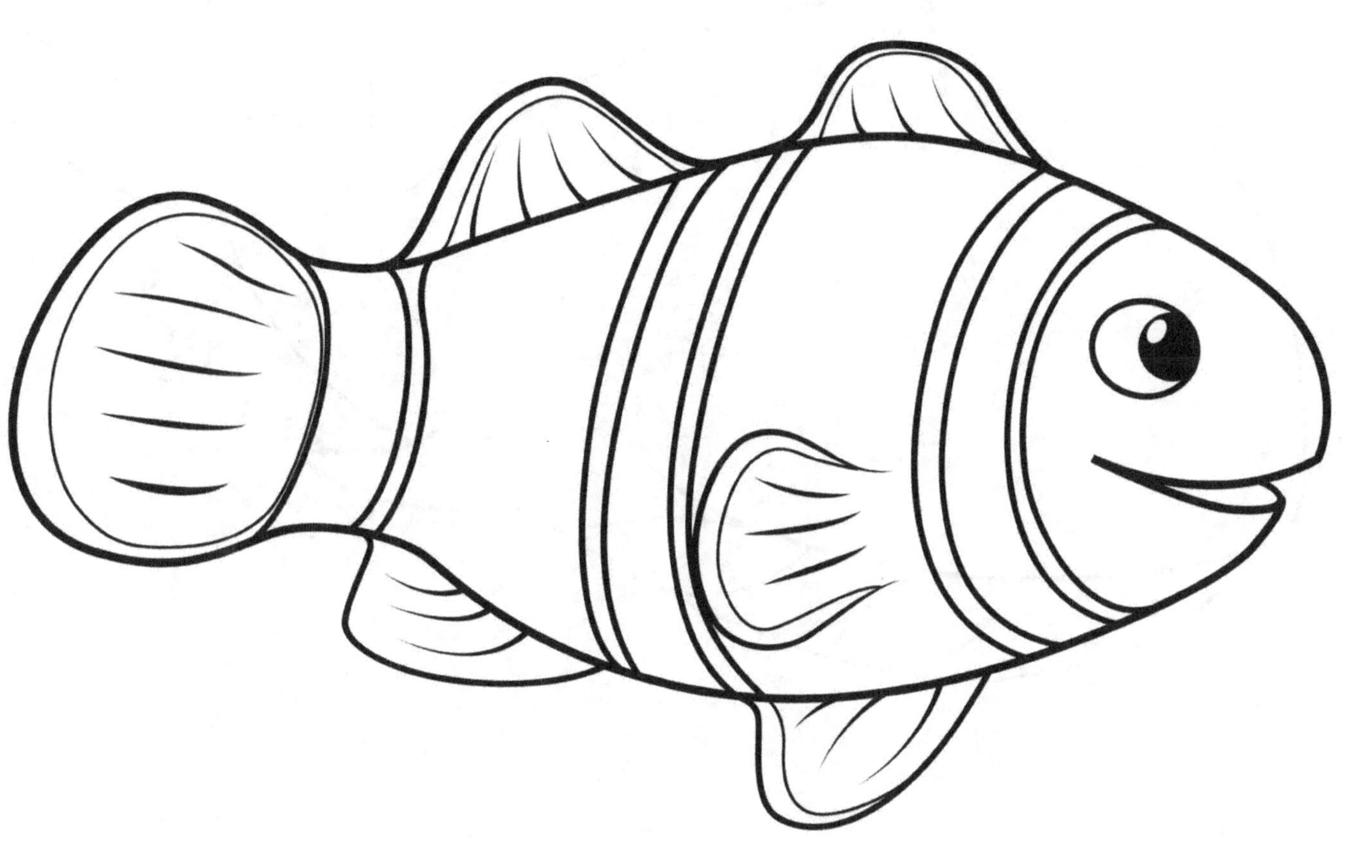

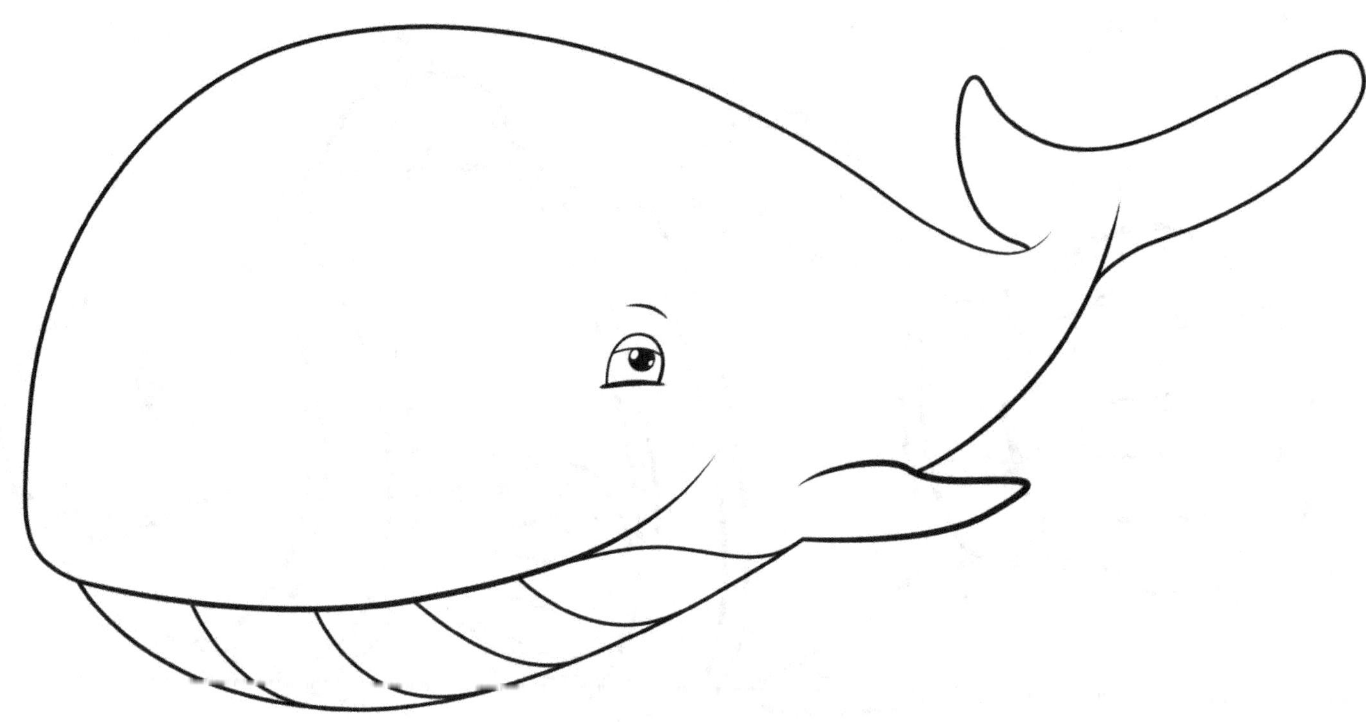

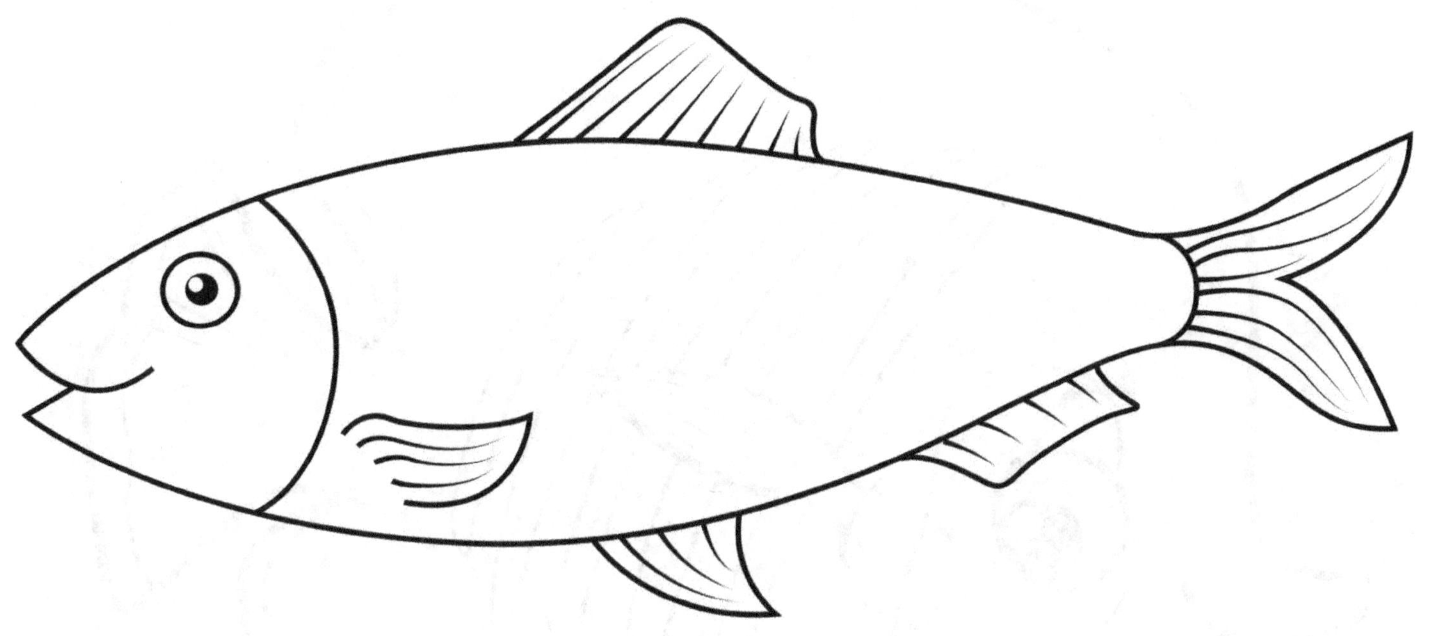

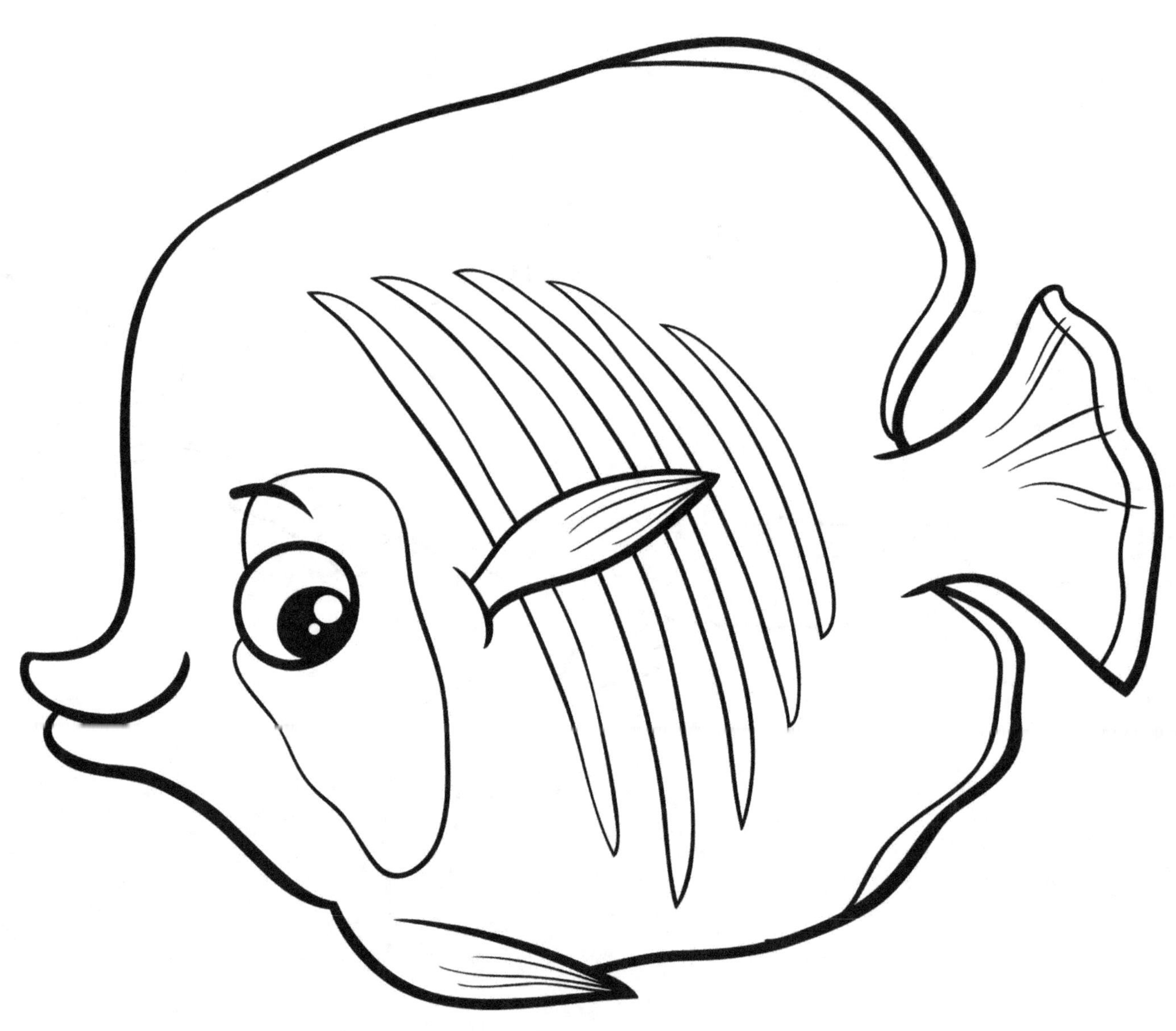

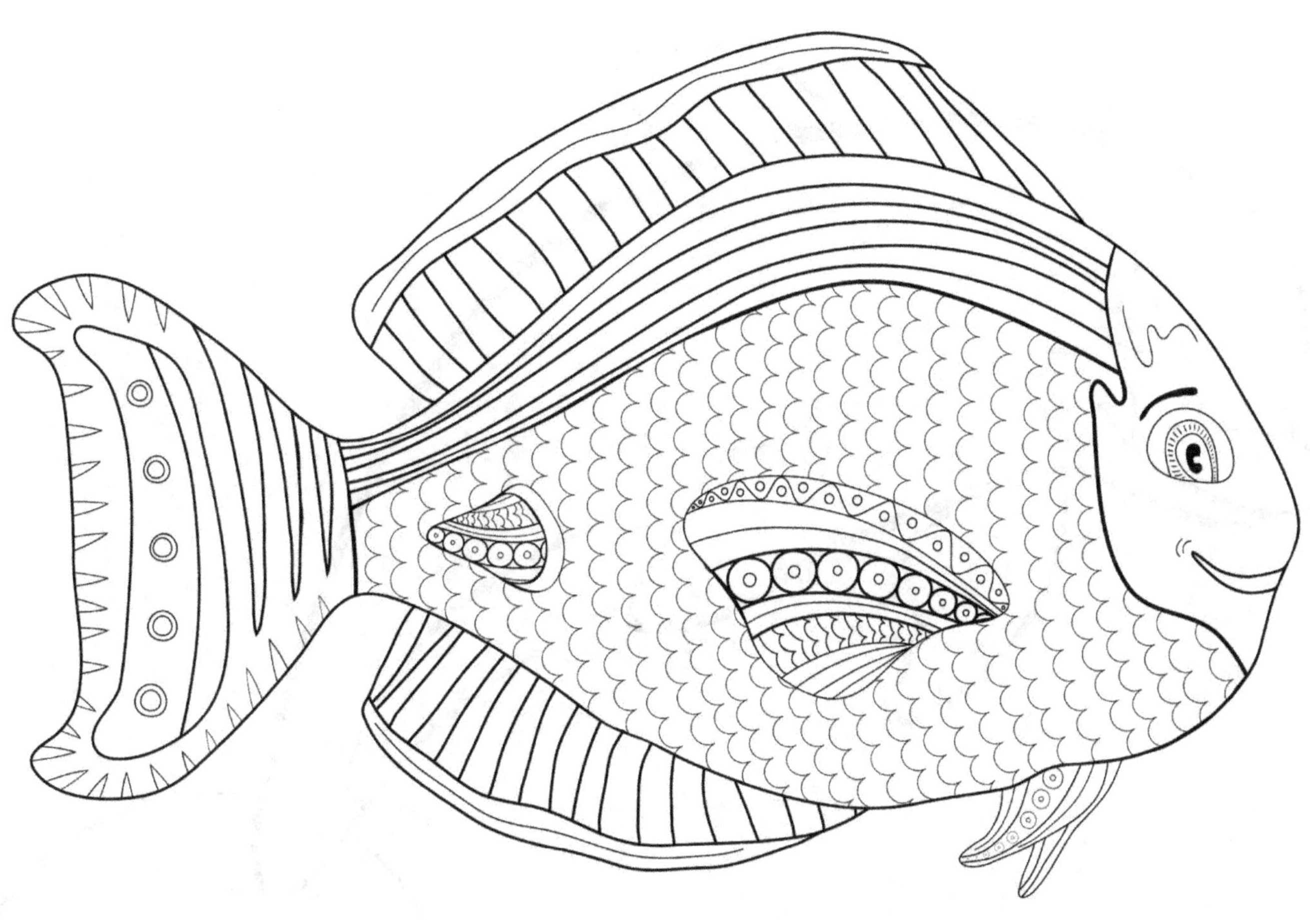

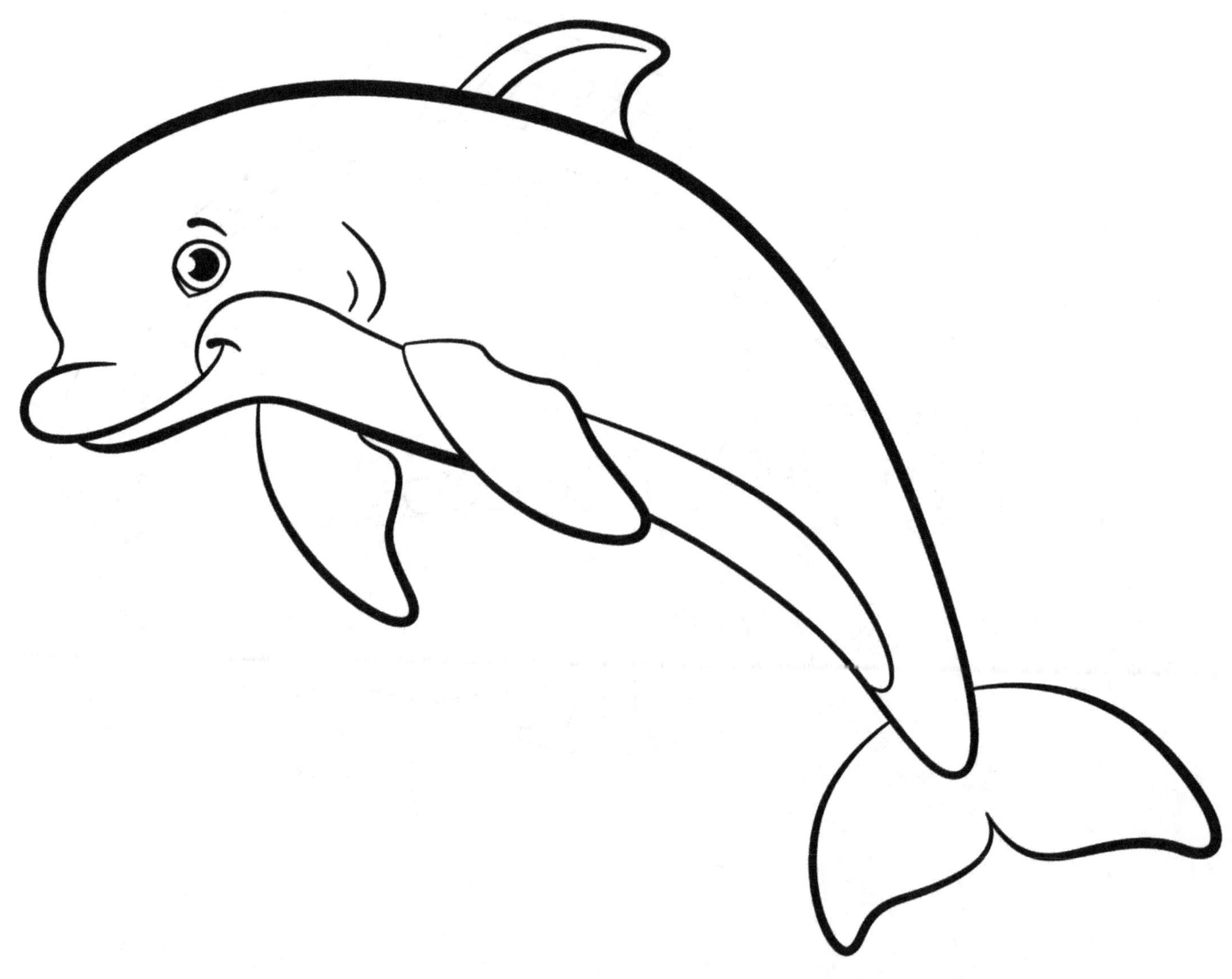

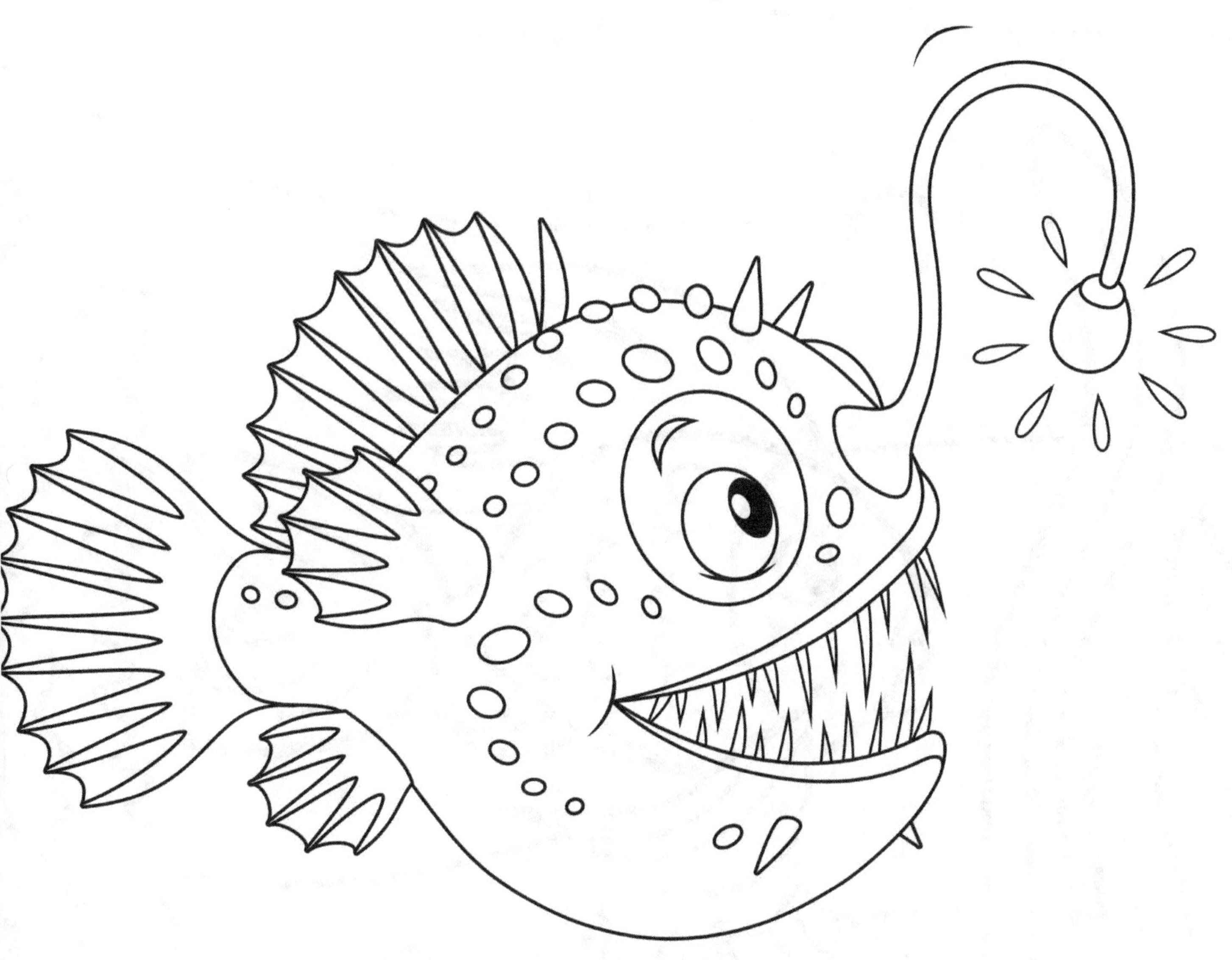

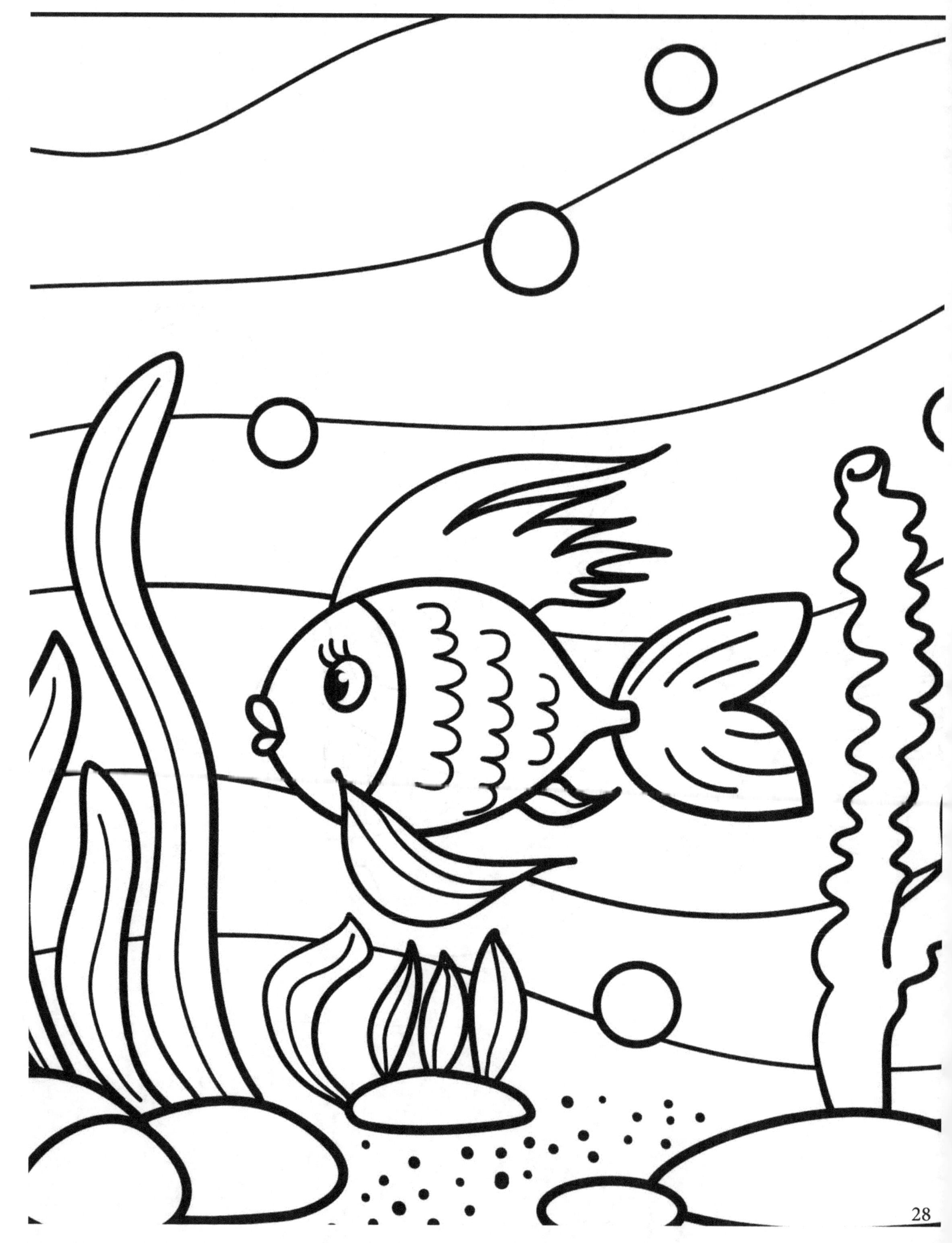

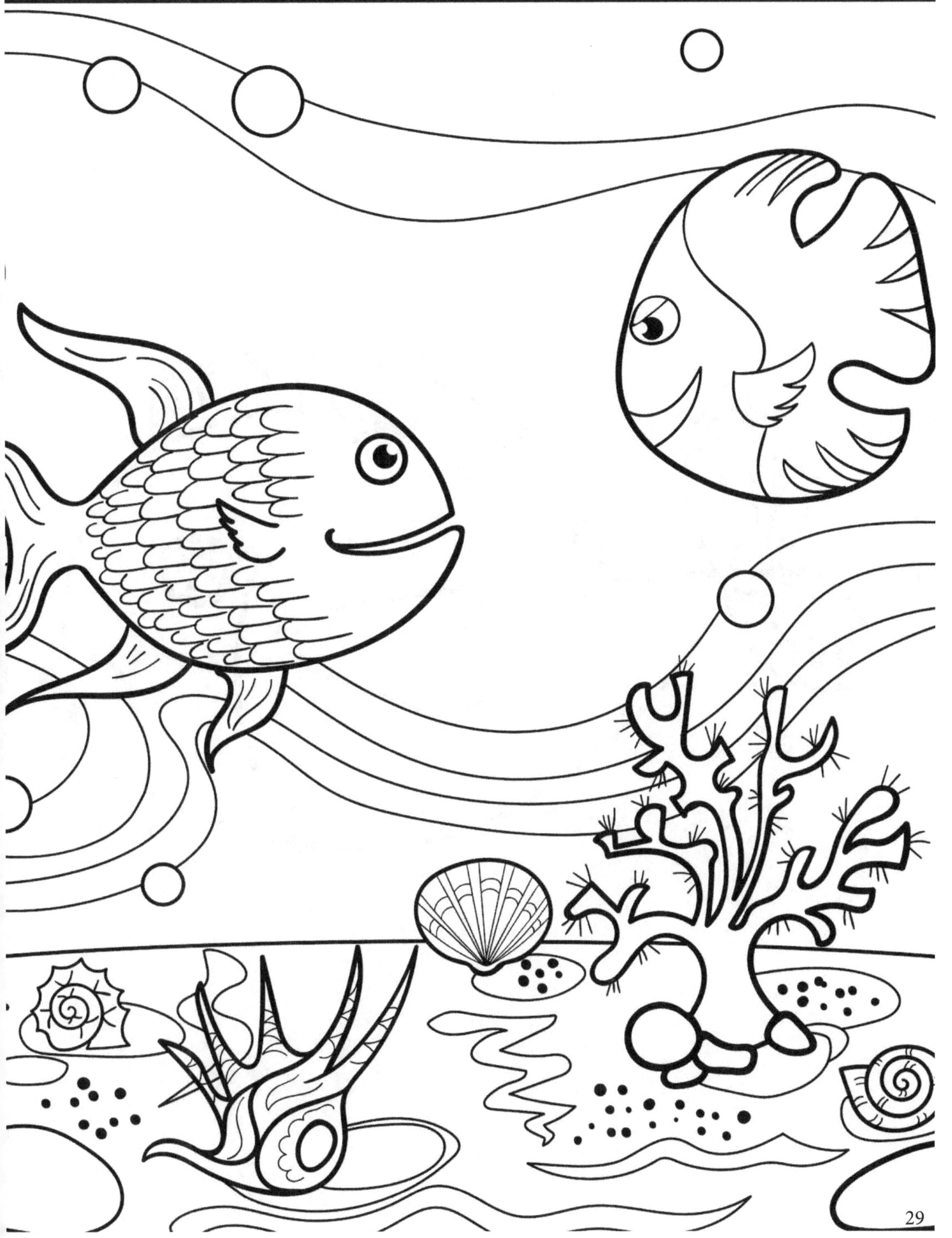

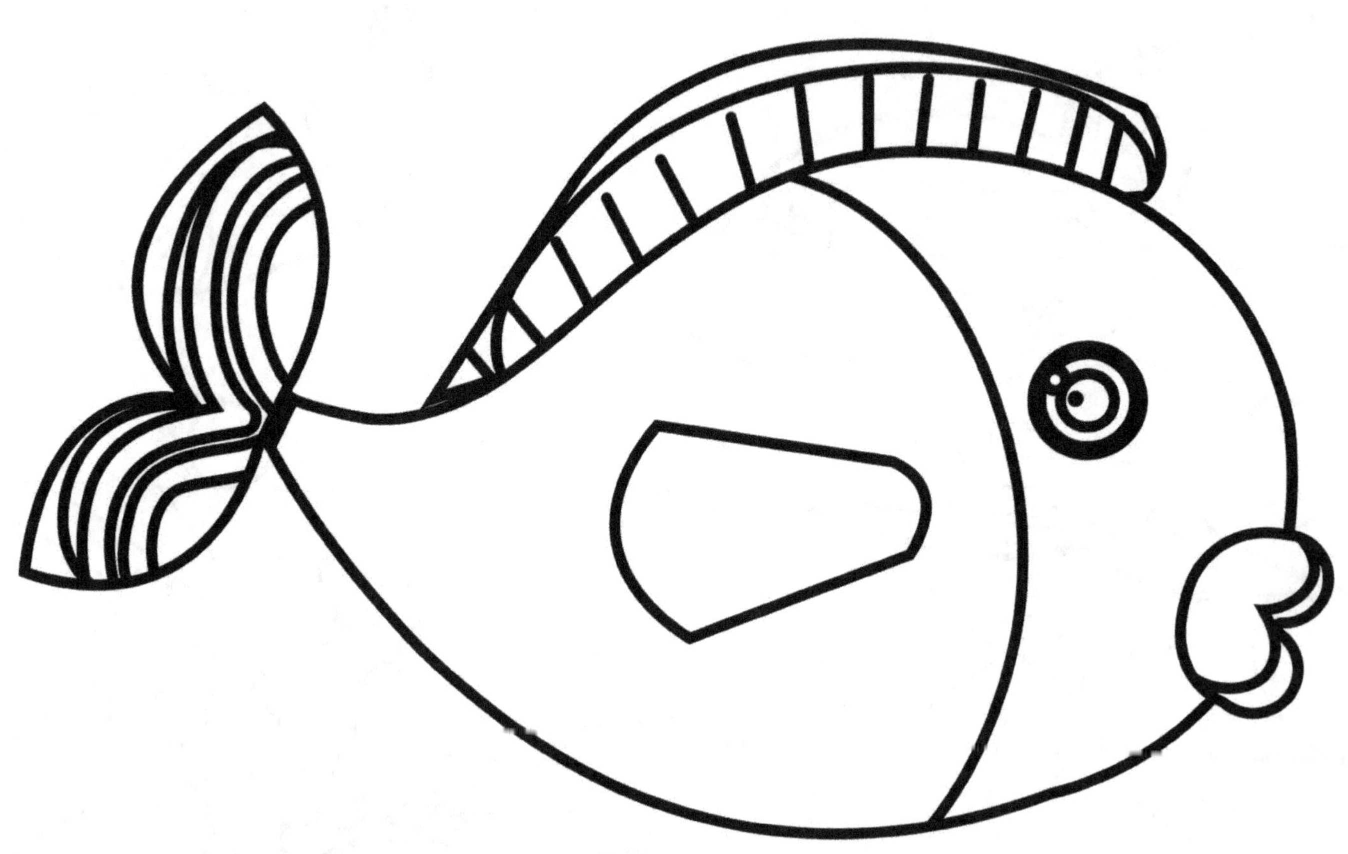

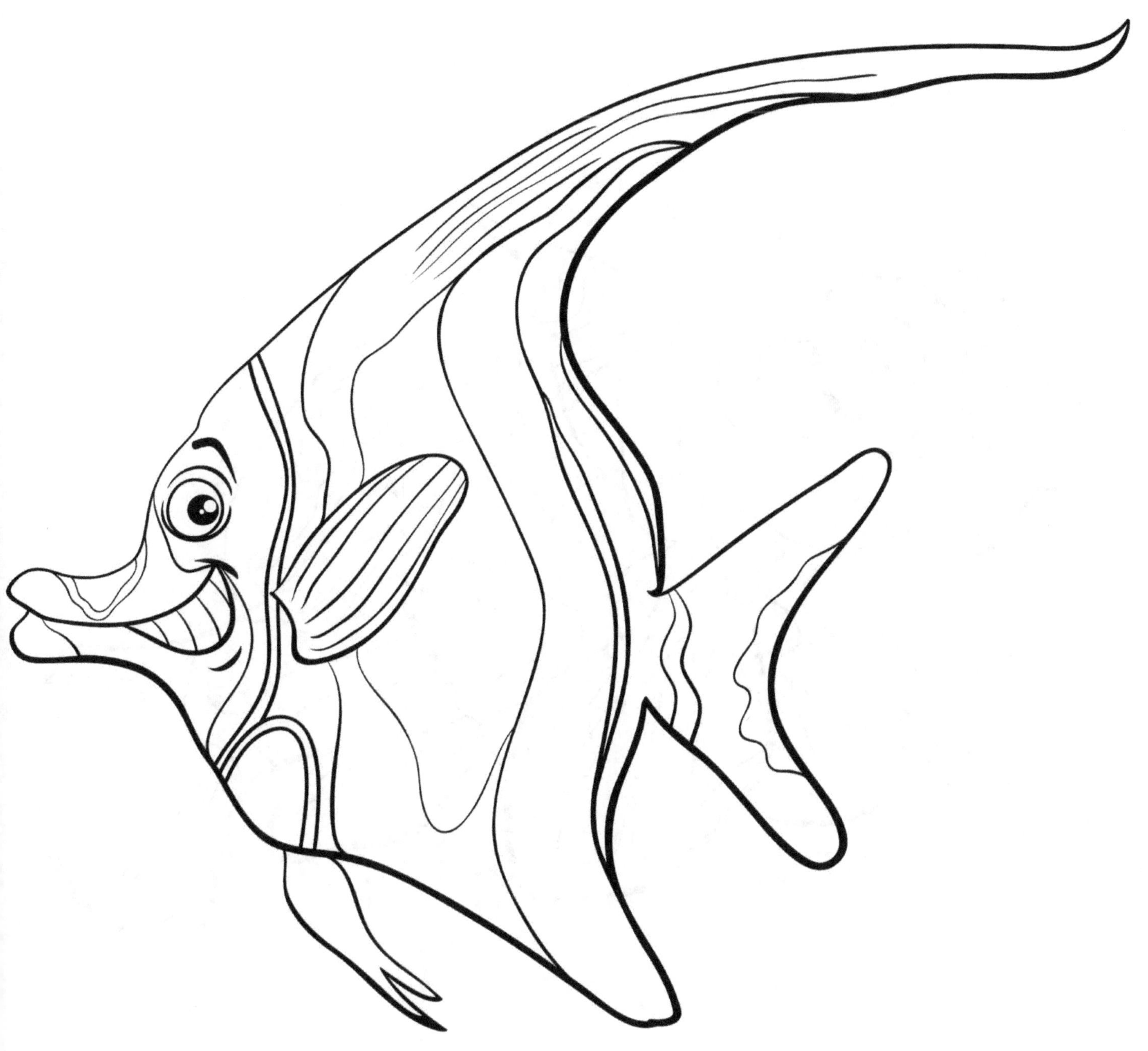

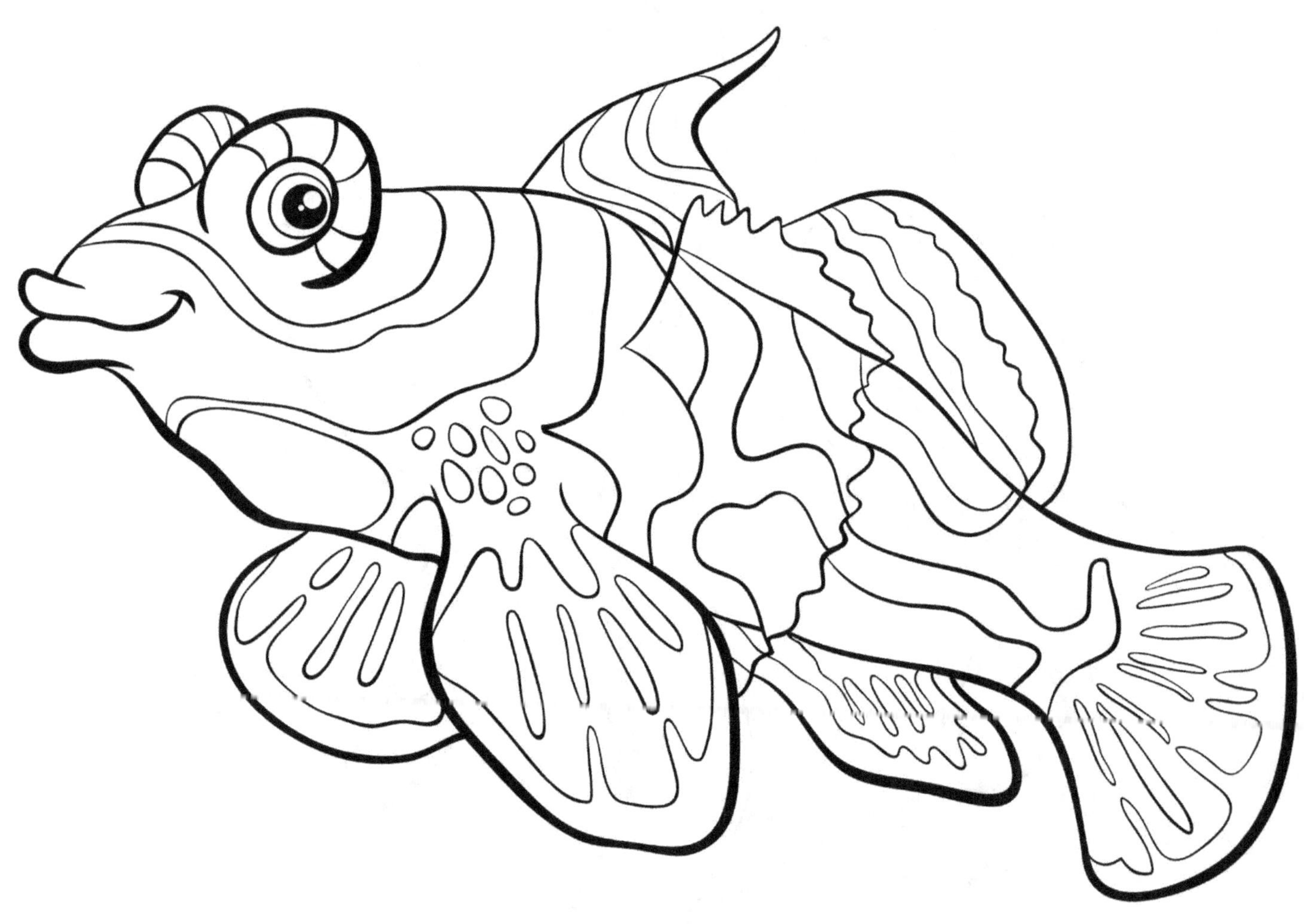